Klaus Man
PRED ŽIVOTOM

REČ I MISAO
KNJIGA 492

S nemačkog prevela
ZDENKA BRKIĆ

KLAUS MAN

PRED
ŽIVOTOM

IZDAVAČKO PREDUZEĆE „RAD"
BEOGRAD

Izvornik

Klaus Mann
Maskenscherz

PRED ŽIVOTOM

Preko, na livadi, vežbali su se u trčanju i takmičili se manji dečaci. Kao navijeni automati jurcale su njihove bele figure po zelenoj površini. Povremeno bi čak onamo, do glavne zgrade, vetar donosio iskidane, smešno izobličene njihove zvonke povike kojima su se uzajamno podsticali na što veće uspehe. Pokraj portala stajali su diskutujući neki od većih učenika. To su bili oni koji će već sledećih nedelja polagati ispit zrelosti i onda, napuštajući spokojnu atmosferu škole-internata, otići napolje u velike gradove, u metež života. Oni su mnogo razmišljali, mnogo međusobno razgovarali o tome šta će dalje biti. Poneki od njih već su imali svoj cilj koji treba dostići, neki ideal koji treba ostvariti, voleli su da lepim rečima punim zanosa neistomišljenicima hvale ono što misle da je nužnost i da mu je došlo vreme. Neki su dabome mirno ćutali.

„Divno je", uzviknu jedan koji je bio član društva „Vanderfogl"[*] i sa entuzijazmom se zaklinjao u regeneraciju, u „novu epohu", a najoduševljenije u „pobedu nad dekancijom", zaista je lepo kad čovek zna koju ulogu igra u istoriji ovog sveta – pošto je osetio, do dna shvatio da se našao tu u času preokreta – da je odabran, pozvan da delujući u zajednici sa prijateljima i drugovima preoblikuje staro u nešto snažno novo." On je imao naviku da skoro pri svakoj reči kratkim strasnim pokretom zabaci tamnu kosu koja mu je u pramenovima pa-

---

[*] „Vanderfogl" (Wandervogel), omladinski pokret u Nemačkoj sličan skautskom, osnovan 1896. a ukinut 1933.

dala na preplanulo čelo. Žustrih kretnji, detinjasto retorski ispružio bi celu ruku, a pogled mu je bio pun blistavog sjaja. Ali drugi ga prekide i ozbiljno podiže dlan kao da priziva neku tajanstvenu silu. „Nemoj govoriti o tim stvarima!" reče on polako i pogleda strogo ustranu. „Vreme preokreta. – Šta *ti* znaš o tome? Govoriš o regeneraciji, a nosiš taj laneni haljetak. Pa, što se toga tiče suum cuique. Ali molim te nemoj govoriti o onom što je u vezi sa kosmičkim zakonima. Da li se ispunilo vreme i zašto, znamo samo mi." Gledao je iskosa u zemlju tamnim vlažnim očima. Zaćutao je onako kao što ćute oni koji hoće da što upečatljivije daju na znanje da bi još mnogo toga mogli da kažu. On je bio član antropozofskog društva. Zbog ovog veoma žalosnog napada, punog prezira vanderfogl je u prvi mah bio zabezeknut i malo zaplašen. Ali ubrzo zatim on zatrese glavom i čak poče da preti: „Ah", reče on preteći, „to je prava besmislica – ja to ništa ne razumem. I još, kako mi znamo da se danas budi nešto novo. Pa, na kraju krajeva mi ga sami donosimo. Mi smo to, do đavola". I on se, sa srcem pravovernika, vedro uspravi u svom šarenom lanenom haljetku.

Iz kuće istrčaše neke devojčice. To su bile učenice domaćinske škole, obučene u bele i svetloplave haljine. „Filozofirate", doviknuše sa smehom, „ah, vi mudri, mudri filozofi – „ i one bose, držeći se za ruke otrčaše, zabacujući svoju sasvim svetlu plavu kosu. „Pametnjakovići" rugale su im se odlazeći, „stostruko umni!" I njihove svetle prilike nestadoše brzo iza ugla.

Jedan mladić neobično brižljivo doteran slušao je, odajući ponekad nervozu i nestrpljenje, taj razgovor člana omladinskog društva i teozofa o nečem novom i o vremenu preokreta. „Ah", reče on najzad i zamahnu više puta naglo glavom kao da ga ljute dosadne muve, „kako to tako razgovarate – i ni najmanje se ne ženirate. Što dižete toliku halabuku oko tog vašeg „novog"? Šta zapravo hoćete? To „novo", reče brižljivo odeveni uz mnoge sitne oštre pokrete rukom, u nastojanju da sluša-

6

ocima bude ipak donekle razumljiv, „to novo nije ništa drugo sem da postajemo sve utančanijih živaca, da sve bolnije, a istovremeno sve bezvoljnije reagujemo na svaki ton boje, na svaki šum koji nas pogodi – na osnovu sasvim logičnog razvoja stvari, ono što će nas razlikovati od prethodne generacije, biće način na koji ćemo u sebe primati sliku sveta, na jedan, zapravo ne nov, već neslućeno diferenciran način – način prema kome će sve ono ranije izgledati grubo i bez ukusa." On zaćuta. Lice mu je bilo neobično sitno, zagledan u žarki letnji predeo smešio se tužno i sofisticirano. „Neće nam baš biti lakše zbog toga", poče on ponovo. „Ali zato znamo za ushićenja, male slatke senzacije, prema kojima Bodler deluje neprefinjeno, Vajld previše prosto. Vidim, na primer, ove dečake kako se igraju – viđalo se to i ranije i smatralo da je to dobro i da tako valja. Ali te boje, ti pokreti – to belo koje kao iskre odskakuje nad zelenim – čini zaista da zadrhtim celim telom – toliko me ta senzacija potresa, toliko intenzivno uživam u njoj da mi sasvim jednostavno suze naviru na oči – a to je to novo. „Vanderfogl kome, po svoj prilici, smisao rečenog kao i mnogih sitnih kretnji rukama nije bio sasvim jasan, uzviknu radosna srca, dok je uzbuđeno zabacivao kosu: „Vidim dečake kako se predaju igri – ali to što se tako igraju, što se najzad ponovo raduju svom telu, spaseni od bolesne precivilizovanosti, vraćeni velikoj prirodi, što moraju biti vedri nosioci jedne nove sjajne etike – to, to je ono novo!" I kad on, ubrznog daha zbog svoje ispovesti, blistajući od sreće zaćuta, odmah odjeknu, naglašeno zatamnjen, kao iz tajanstvenih dubina nekog hrama glas mladog teozofa. „To što su se ti dečaci", objavi on svečano i polako, „našli tu, stavljeni u treću veliku prekretnicu svetske istorije, a oni to, dabome, ne mogu ni da naslute, i što svaki od njih nesvesno i podsvesno svojim malim, malim delom mora doprineti da se ispuni, neopozivo, kosmički zakon – samo *to* je ono bitno, samo *o tome* se radi."

U sve to uplitala se vetrom nasumce razvejana vika dečaka sa livade.

Jedan među onima koji su tu okupljeni stajali samo je ćutao. Razmišljao je o onom što su drugi rekli. Shvatao je sve, a ni sam nije znao šta ga u tome toliko rastužuje. „Eto, jedan", razmišljao je ćutljivi, „smatra dekadenciju na izvanredan način okončanom, i neskriveno, u blistavoj čistoti pred nama je blizu to novo, nošeno krilima pokreta vanderfogl. Ni onaj drugi nije baš skroman, ima osećanje da je posvećen u najtajanstvenije kultove, veruje da je tačno upućen u sudbinu sviju nas, kao sudeonik u poznavanju tajne kosmosa – treći mora da plače i kad se plaši i kad se raduje i čini mu se da je patološka prefinjenost nervnog sistema glavni cilj ovog vremena. – Kako se čudno osećamo."

Vanderfogl se snažno protezao na suncu. Teozof je nejasno gledao ustranu, u zemlju, očiju vlažnih od velike ozbiljnosti. Onaj prefinjeni mahao je rukom da se rashladi i mnogo se petljao oko toga da lepo namesti svoju malu svetloplavu kravatu. – Tako su stajali jedan pored drugog.

„Ipak je to čudno", pomisli ćutljivi. „Takvi izlazimo u svet. – Da li je uvek bivalo tako neobično i čudnovato svim onima koji su stajali pred životom, kao mi danas? – Kako mnogo obličja ima njihova čežnja. – I šta će od toga biti? – Morao bi da postoji jedan u koga bi se stekle te čežnje, ti ciljevi. – Kako bi onda stvar stajala s njim?"

Mali fini, sa previše tananim osećanjem u prstima odjednom mu se nasmeši: „Ti ćutiš?" reče. „Da, dabome, misliš svoje."

Kao glasna povorka pristizali su trkači s livade. Odeveni u kratke sportske pantalone, sasvim preplanulog lica, tako da je njihova svetloplava kosa sad izgledala bela prema tamnoj koži. Odlazili su ćaskajući.

„Da li je uvek postojalo tako čudno obećanje među dečacima?" mislio je ćutljivi. „Doba preokreta – doba preokreta – ko bi mogao biti dovoljno slab da se sasvim pred tim strujanjima i onda opet dovoljno jak da iz te predanosti ponovo nađe sebe. Kako li će se to završiti? Kako to zamišlja dragi Bog?"

I odjednom – ostali su u prvi mah bili sasvim zabezeknuti – on reče glasno, gledajući ih sve uokrug: „Pa, već će nekako biti." I oni se svi skupa nasmejaše. Jedni zato što nisu znali šta je zapravo mislio svojom izrekom, a on možda samo zato da savlada tugu koja je toliko narasla u njemu.

I tako su se smejali uglas na pragu života.

DEČJA NOVELA

1.

Gospođa Kristijana je posle smrti svoga supruga, sa svoje četvoro dece provodila celu godinu na selu, nadomak planina, nedaleko od jedne bavarske varošice. Bili su dobro zbrinuti u udobnoj vili sa crvenim krovom na kome se prema vetru okretao limeni petao. Vrt oko vile bio je prostran, pred kućom negovan sa puteljcima i rondelama ali iza kuće je džikljao divlje, svakim korakom sve više, dok nije dopro do same velike šume od koje ga je razdvajala rupičasta žičana ograda.

Usred šume nalazilo se prihvatilište za slepu decu, tako da su se gotovo ceo dan mogli videti dečaci i devojčice kako bezbojnih beonjača, bez videla, tumaraju u senci drveća ili se igraju pod nadzorom negovateljica, ali ponekad su i sami spretno tapkali, a pratili su ih psi.

Ako bi se iz bašte krenulo s prednje strane, čovek bi se našao na sivom seoskom putu koji se, blagom nizbrdicom, krivudavo spuštao i vodio u mesto. – Međutim u gradić se moglo dospeti i ovuda, preko livada, stazom koja je vijugala između brežuljaka.

Deca se zovu Renata, Hajner, Fridolin i Lishen. Renati je devet, Hajneru osam, Fridolinu sedam, a Lishen pet godina. Mami je trideset i jedna – jedva su pronašli trideset i jednu svećicu kad joj je bio rođendan.

Kad je mama uveče dolazila do kreveta da kaže: Laku noć, umela je ponekad da bude tako divna da si je morao voleti s prekomernim osećanjem kojeg bi se, sigurno, usred dana stideo. Ako bi se zadržala u sobi kod

10

devojčica, Hajner bi je odmah tako egzaltirano zvao, da bi morala nežno da se odvoji od Renate i Lishen. Hajner je onda ljubio njene ruke, i prosto nije znao šta će od nežnosti. Kao kavalir koji se umiljava, obasipao je rečima milošte. „Kako si lepa", ponavljao je, „kao iz bajke". Nedostajale su mu reči, milovao ju je rečima nežnosti kojima ga je nadahnjivalo njegovo divljenje. „Tako si slatka" – dok se mama ne bi sa smehom oslobodila.

Ali preko dana često nije bilo prijatno biti s mamom. Kad je bila umorna, oči su joj bile mutne i često je s glavoboljom ležala na verandi. Ako su je deca saletala svojim zbrkanim problemima ona bi ih umornog glasa slala: „Hajdete u baštu", rekla bi tupo „tamo je za vas pravi raj, tamo možete da se istutnjite".

Međutim, toj zabavi stajale su na putu dve ružne prepreke. Kao prvo, tu je bio učitelj Burkhart, mlad smeđokos okretan, koji je svakog dana, dobro raspoložen, sa kožnom tašnom ispod miške, dolazio na dva sata da Renati i Hajneru održi časove. Sam po sebi učitelj Burkhart zapravo nije bio takav da bi zasluživao da ga mrze, ali je suviše dosadno bilo ono što je s njima radio. Jednako odbojni su i sveska za matematiku i knjižnica za veronauku – učitelj Burkhart ima običaj da preti onim najgorim, ako se zadaci ne urade tačno. „Poslaću te ovde u ovu osnovnu školu", obećava namrgođen, „sutra u osam ćeš sedeti u mom razredu, gotovo je s privatnom nastavom, svi će te ismejavati, ako za sutra ne naučiš ono što ti je zadato." Renata i Hajner su se preplašeno zgledali oči su im potamnele od straha. U to da će se svi smejati, bili su sasvim ubeđeni. Mangupi s ulice se i onako glasno smeju, kad prošetaju, braneći se natmurenim izgledom, u pratnji guvernante koja plete.

Dok se učitelj Burkhart bavi kod velikih i elan malih je smanjen, skoro ugašen. Ovako sami, bez dovoljno mašte da nastave pređašnje velike i smele igre, sede uz glupu igru pridružuju Afri, srdačnoj kuvarici koja odlučno, obema šakama gnječi testo za kolače. Guvernan-

11

ta Konstantina Bahman je dabome neprijatelj – i to daleko opasniji i gori od učitelja Burkharta. Jer dok se moć pedagoga prostire ipak samo na dva sata dnevno, od gospođice Konstantine može se očekivati da u svako doba odnekud iskrsne i usnemiri ih. Držeći među prstima čarapu koju plete, s dubokom ravnodušnošću na belom malo podnadulom licu, ona se odjednom pojavi između grmova sa izrazom dosade u pogledu ovlaš uperenom na rad koji joj tako neprijatno brzo ide od ruke. Zar nije istinski zao duh, neprijatelj, oličenje zla – ovako kako tu stoji u toj ispranoj bezbojnoj pletenoj jakni i plavoj suknji, bledoplave, nakovrčane kose. – Šta to opet radite, kakvu huncutariju? – pita hladno i prezrivo. I pogledajte, sada tek onako malo odiže stopalo – pogledajte, evo je, sad tek onako ruši nešto što je bilo od najveće važnosti, kao da ozlojeđena hoće da proveri njegovu čvrstinu. A to je bila građevina u pesku, čitav grad – Palata Kalife.

Kad bi gospođica Konstantina bila dobre volje, mogla je da bude čak i vesela i zabavna i onda su se deca zahvalno smejala svakoj njenoj šali. U takvim izuzetnim časovima obično je prvo pričala o Diseldorfu, svom rodnom gradu; izgovarala je to ime gotovo sladostrasno, polako, kao da je to najtananija reč našeg jezika, sa suviše umekšanim početnim *D* prosto se topila dok ga je izgovarala. Iznosila bi, u preteranoj potrebi za saopštavanjem, čak male porodične anegdote, smešne priče o svojoj majci i udatoj sestri.

„Zamislite", brbljala je sasvim veselo, „vraćam se ja kasno uveče kući, verovatno sam malo duže gasila žeđ, a moja sestra Lisbet, mangup, da me iznenadi, sakrije se u moj krevet. Ali jedna njena šaka ležala je na mom noćnom stočiću, verovatno se tu našla u snu. A ja u mraku, tražeći noćnu lampu, napipam prste moje sestre. I znate šta sam pomislila? – Mislila sam da su ostavili pečene kobasice da ih smažem kad se uveče umorna vratim. Već sam htela da odem po neki nožić da ih rasečem. Ha, ha – ala bi Lisbet pošteno vrisnula. „Jeste, jeste", smejala se ona druželjubivo i veselo, „tako je to bilo u mom Diseldorfu".

Ali teško deci ako nekad, kasnije, u nezgodno odabranom trenutku, požele da je začikavaju sa kobasičastim prstima njene sestre. To bi je toliko povredilo da čitavih pola dana ne bi s njima govorila. Rekla bi samo: „To je uvreda za celu moju porodicu."

Najgore je bilo kad od verenika dobije loše pismo. Onda se više nije moglo s njom izaći na kraj. Sasvim beznačajnim povodom grdila je malu Lishen dok se ova ne bi gorko rasplakala, i kad bi je dovela dotle, još bi je uzrujano ćušnula i siktala besno: „Da bar znaš zašto urlaš."

Nije bilo lepo od mame što je u takvim slučajevima davala za pravo gospođici Konstantini. Kad bi deca došla da se požale, ona bi se samo nasmešila i rekla: „Gospođica Konstantina sigurno zna zašto to radi", ali bi ipak tešila malu Lishen.

U takvim trenucima mogli su mamu maltene mrzeti, mada to sebi ni za šta na svetu ne bi priznali. „Ona je nepravedna," šuškala su deca negodujući. – A lepa mama je sedela sa rukama u krilu, praznog pogleda i rastužena, jer je osećala da su jogunasta deca sad potpuno otuđena.

Najdraža im je mama bila leti. Išla je sa decom na kupanje; sa livadske staze skretalo se levo i kad se pređe komad puta prema mestu, stiže se do ribnjaka koji je crn i močvaran i okružen ozbiljnim jelama. Čak ni one šumske jele nisu toliko tamne i nisu ulivale toliko strahopoštovanje kao ove ovde, koje su tako dostojanstveno bacale senke na vodu. – Ribnjak su činili prijatnijim veliki okrugli lokvanji koji su plivali po njegovoj smračenoj površini.

Iznad svega su deca volela miris u drvenim kućicama za presvlačenje, čudnovato odavno poznat – na blato, izmešan sa isparenjima kupaćih mantila i trikoa koji se suše. Njuškajući uvlačili su ga, mada im se činio prilično gadan, pa i nepristojan, čak poročan.

Mama je sedela u crnom trikou na trambulini, sva gospoda iz bazena za muškarce radoznalo su pogledali na tu stranu, ali ona je sedela oborenih očiju. Njene divne noge belasale su se na suncu; bilo je zanosno gledati je kako diže ruke, kako sa nekim čudnim, mrtvim i radoznalim osmehom oko poluotvorenih usana, u kome je bilo i neke ošamućenosti i kao da hoće još malo da sačeka, kako sa podignutim rukama, polako, iz kabine silazi klizavim drvenim stepenicama, dok voda crna i ledena miluje njene noge, a ona se blažena i naježena naginje da bi se celim svojim telom predala tim milovanjima.

Četvoro dece sedelo je jedno do drugog na gredi koja je razdvajala bazen za neplivače od opasne duboke vode. Sve četvoro je mlataralo nogama, prskali su se i vrištali da je ceo ribnjak odjekivao.

Renata je bila jedina koja se usuđivala da stvarno pliva. Ozbiljnog izraza, polegla je pažljivo po vodi s nepokolebljivom verom da će potonuti ako zaboravi ma i jedan od naučenih pokreta. Neumorno je, pomodrelih usana, brojala: jedan, dva – jedan, dva i hrabro se pomerala napred. Hajner se plašljivo odupirao kad su i od njega tako nešto očekivali, prenemagao se, branio i bojao za svoj život.

Kabinerka je u ružnom stavu stajala pored obale i šalila se s njima. Vetar je smešno nadimao crvene kupaće gaćice koje su se sušile na konopcu. U odeljku za gospodu stajali su muškarci pred svojim kabinama, umotani u šarene kupaće mantile i ćaskajući pušili cigare. Neki su frktali u vodi glasnije nego što je bilo potrebno. Na njihovim grudima bujale su crne dlake.

A mama je otplivala daleko, onamo već između lokvanja i trske. Pozdravila je decu klimnuvši glavom, digla jednu ruku iz vode i smejala se, a drugom je dalje veslala škiljeći prema suncu.

U letnje vreme išlo se s mamom na branje šumskih plodova. Mama bi sela na neki panj usred proplanka

okruženog trnovitim grmljem, otupelih čula, ošamuće-
na od vrućine. Deca sagnuta jure unaokolo tražeći i be-
rući bobice, jer je pitanje časti ko će prvi svoju posudu
napuniti i doneti do mame. Mama onda istrese sadržaj u
korpicu koja je stajala pored nje, a ipak je trebalo mno-
go posudica s plodovima da se kotarica kolko-tolko na-
puni.

I ovde je Renata od svih najvrednija i najkorisnija,
čilo se i pored skroz izgrebanih nogu pentrala i nije joj
bilo teško da se saginje. Njeno ozbiljno dečačko lice
uokvirivala je tamna zamršena kosa, izgledala je kao
neki odlučan i strog dečak-prosjak dok je tako mršulja-
va i ćutljiva radila svoj posao.

A Hajner se radije igrao vlatima trave, često je sedeo
na nekom mestu na suncu pevušeći i mrmljajući, zane-
sen i srećan. Ako bi ga opomenuli i izgrdili da je lenj,
odmah je bio spreman da to na ljubazan način okaje.

Fridolin jedini od dece nije bio lep. Lice mu je bilo
kao u patuljka, sitno, nepravilno, oko njega smešna svi-
lenkasta, ravna kosa, imao je isturen grudni koš i preve-
lika usta, ali možda je upravo on bio pokretačka snaga
za sve što se preduzimalo, kao ličnost svakako ravan
Hajneru, iako mu je bio pokorno odan. – U branju šum-
skog voća isto tako veoma priliježan, ali taj intenzitet
njegove revnosti bio je uznemirujući i strašan nasuprot
Renatinoj praktično melanholičnoj vrednoći.

Lishen se radoznalog pogleda najčešće zadržavala u
maminoj blizini, smatrala je sebe još suviše malenom i
nežnom da bi ozbiljno sudelovala u dužnostima i zani-
manjima velikih.

Pri povratku kući trebalo je paziti da se ne primaknu
delu šume gde se nalazio azil za slepe. Kad bi odjed-
nom ugledala neko od dece bezbojnih beonjača, kako
praznog, tupog pogleda ali sasvim zadovoljnog, šeta sa
svojom negovateljicom, mama bi se tako uplašila da je
sva drhtala.

U takvim letnjim večerima deci je mama izgledala
lepša od svih vila i kraljica. Nakon večere šetala se

umorno po vrtu koji je pri zalasku sunca bio preobražen, sav zlatkasto-zelen. Posmatrala je brda bliska i daleka i nagađala kakvo će vreme biti sutra. U ovalu njenog lica zasjale bi sedefaste oči, njihov pogled je nežno i nezainteresovano klizio po stvarima. Ni na deci se njene oči nisu dugo zadržavale, pomilovale su ih s ljubavlju, ali tuđe, skoro uplašeno.

A kada dođu topli prolećni olujni vetrovi, koje deca strastveno vole, mama je većinom bolesna. Leži sa glavoboljom i hladnim oblozima, čini joj se da će bregovi prići da je zgnječe, pošto su se sad odjednom našli tako blizu i zeleni pred njenim prozorima. Za to vreme deca klikčući jure po bašti, bacaju se ususret toplom orkanu, razdragani i ispruženih ruku. Lepršave kose trče, držeći se za ruke, kao pijano kolo, niz livade, sa sjajem zanosa u očima.

A mamu na verandi su skoro plašila ta njena nepoznata deca.

Sasvim posebna bila je ta porodica zimi, kad ispred belih livada stoje crne i sleđene jele, a ribnjak je zamrznut. Onda se skoro ceo dan mora ostati u kući, a uveče se s knjigama sedi oko kamina. Mama je obučena u somotsku haljinu i stalno joj je hladno. Gospođici Konstantini potrebni su vuneni šalovi da sačuva svoje nežno zdravlje. Pas Luksi je prastar i klimav, osedeli invalid, i još tatin ljubimac. Hladno godišnje doba ga deprimira i on se mrzovoljan šćućuri u svom ćošku. – Jedino je debela kuvarica Afra čila i jaka i s njom deca idu na sankanje. Uzimali su jedne ogromne nezgrapne sanke na kojima bi bilo mesta za osmoro – staza za sankanje nalazila se iza imanja seljaka Cvikera. Bila je suviše strma i opasna zbog krtičnjaka, pa se retko dešavalo da se spuste dole bez nekoliko prevrtanja. Afra tad muškim glasom vrišti od straha, svi se jedno preko drugog valjaju u snegu, a gore se pojavljuje mama, koja je, nemajući mira, pošla za njima i kuka kao da je propast sveta. A porodica seljaka Cvikera u punom sastavu stoji pred svojim imanjem i bezobzirno im se ruga.

Zimi deca revnosno čitaju romane o moreplovcima ili *Nibelunšku pesmu* u za omladinu skraćenom izdanju, pa se za stolom lepo zabavljaju zgodnim citatima iz svoje lektire, koji su za odrasle predstavljali samo čudnu zbrku. „Znam", rekao je Hajner zamišljeno svojoj starijoj sestri, „vama nedostaje buter na hlebu, majko Bakroge, a i meni, mili Bože, upravo i meni." – Tako piše i knjizi *Kapetan Špiker i njegov brodski mali*. A Fridolin je sa zanosom deklamovao: „Tada je suze prolio Hagen fon Tronje, prve suze u svom životu. Za Folkerom fon Alsejom, koji je bio majstor smeha, plakao je on".

Onda im pade na pamet da i sami pišu pesme. Naročito je Hajner satima sedeo nad svojom sveskom i ljutio se ako bi mu neko smetao. Posle im je čitao jezive i mučne balade, otprilike ove vrste:

> Hrabri junak Sindebab
> Od petka je vrlo slab
> Jer ništa nije kao pre
> Izgubio je on baš sve
> Zato kuka iz sveg glasa
> Kao da mu nema spasa
> Iznemogo hlada traži
> Da ga malo to osnaži
> Na postelju on se prući
> Al' gle, šta se tada sluči
> Greda puče, krov se sruči
> Jao meni kakav jad
> Da poginem tako mlad
> I pod kršom zgnječen osta tad
> Hrabri junak Sindebab

Fridolin se divio tom stihotvorstvu, pa i Renata nije imala nikakav prigovor. – Ali majci je sve to bilo strano i čudno, gotovo da ih je isto tako jedva razumela kao i svog pokojnog muža. Očigledno su deca imala mnogo

17

sličnosti sa njim, svako je, reklo bi se, nasledilo nešto drugo. Ali svima im je bila zajednička neiscrpna mašta koja u svojim lutanjima ne zna za granice i izvesna strogost i ozbiljnost – i jedno i drugo su imali od njega. Dosta neočekivano iskrsavali su uz to i elementi majčine mekše prirode. Čudna je stvar ta mešavina krvi. Što se tiče oca, on je umro još pre rođenja male Lishen; u Kristijaninoj sobi je iznad kreveta, na drapiranom crnom somotu visila njegova posmrtna maska. Sa velikim nosem, neumoljivo stisnutim usnama i strogim sanjalačkim pogledom maska je dominirala udovičinom sobom. Suprug je bio čuveni filozof, ali ona nije bila upoznata ni sa jednom od njegovih knjiga, on joj je najstrože zabranio da ih čita, a i bile su za njen um suviše teške. U njegovoj radnoj sobi, koju je ona, u velikom poštovanju ostavila posle njegove smrti nepromenjenu, stajala su u tamnom nizu njegova dela. O tim uznemiravajućim i radikalnim spisima govorila je cela Evropa.

Kad ga je upoznala, njen suprug je bio katolički sveštenik. Taj skandal, kako je istupio iz okrilja crkve bio je užasavajući. Njegova strašna i prokleta nepokornost uplašila je i samog papu koga je napao u jednom monstruoznom pamfletu. – Uprkos tome on je, nedokučivo zašto, do svoje smrti išao u do grla zakopčanom crnom odelu, a bela krunica, brojanica, nije se sklanjala s njegovog pisaćeg stola. U testamentu je nađeno strogo naređenje da mu se krunica stavi u kovčeg. – Posle tog katastrofalnog neprijateljstva prema crkvi služio je filozof još samo Kristijani čije poreklo nikom nije ni najmanje bilo poznato.

Ko je i šta je bila mama? Decu nije mučila ta misao. Da li postoje deda i beba, nisu znali. Postojao je samo neki ujak, jednom je iznenada došao u posetu, mamin mlađi brat, glumac u velikim gradovima. A što se tiče mame: Ko bi se mogao usuditi da o njoj kaže nešto loše? Jedna prelepa i tajanstvena dama iz građanskog društva koja živi u potpunoj usamljenosti na selu, zaokupljena samo vaspitavanjem svoje četvoro dece i velikim poštovenjem prema uspomeni na svog supruga. Retke posete koje bi se javile, već je gospođica Konstantina odbijala, ma iz koje daljine došli, i tako mamu ne bi ni videli. Zimi je mama bila još besposlenija nego inače.

Mnogo je tumarala po kući, pevušeći i smeškajući se, satima sedela u svojoj sobi i čitala Sveto pismo, ponekad se prihvatala i velikog ručnog rada, kukičala sedeći pored prozora, sagnuta nad tamnim besmislenim pokrivačima, ruke su joj se bezglasno kretale.

Ustala je da pođe preko u dečju sobu. Tu se njih četvoro šćućurilo u polumraku i Fridolin je prigušenim glasom pričao o kraljici utvara Me-Me koju noću možeš čuti kako zuzuće i kikoće se. – Ali onda odjednom svi počeše govoriti o tome dokle se može stići u brojanju, pa dalje od triliona se sigurno ne može. Uzbuđeno su jedno drugom upadali u reč. „Mora biti da se može i dalje!", vikala je Renata ljutito. „Gde treba da je kraj?" Molim vas: gde može biti kraj?" – I Hajner tada otkri jedan novi broj, najveći od svih, neshvatljivo velik. S pobožnošću izgovori: „Beskraj – Poks, to dolazi posle triliona – i to onda uvek postoji. Beskraj – Poks uvek postoji".

Mama je stajala u okviru vrata uplašenih očiju. U kakvo je to veštičje gnezdo upala? Sigurno je o sličnim stvarima bila reč u muževljevim tajanstveno-zabranjenim knjigama.

Takvim nadmudrivanjima deca su zimi sebi prekraćivala vreme. Ali onim njihovim istinskim, velikim, divnim igrama predaće se tek kad ponovo dođe proleće.

2.

Šta može biti komplikovanije, zamršenije i da stalno proizlazi jedno iz drugog kao njihove igre koje su izmišljali i s kojima su vasceli dan živeli, krajnje ozbiljno, i daleko prisniji sa tom stvarnošću, i u većem prijateljstvu s njom nego s onom drugom, često nesnosnom, sa

19

madmoazel i učiteljem Burkhartom. Jer oko njih je nastajao jedan novi kosmos kad su ozbiljnog izraza lica sedeli skupljeni jedno do drugog u pesku ili iza kuće pored bazena, ili sasvim na kraju bašte gde im je ona počela bivati nepoznata i gde ju je blizina dece belih beonjača činila skoro jezovitom.

Hajner je bio taj koji je najviše izmišljao. – Čučao je u travi gestikulirajući, uvek sa dva štapića u ruci s kojih je ljuštio koru i koji moraju biti tačno iste dužine, obučen u vatreno crvenu, raznobojno izvezenu kecelju, lepog lica uokvirenog zlatnom kosom. Sada treba sprečiti katastrofe, treba zaštiti neku kraljevinu, prete joj surovi upadi. Fridolin se izkazuje kao adutant. Njegovo ponizno ponašanje liči na podmuklost, može se naslućivati da iza te ropske spremnosti da pomogne stoje demonske pobude. On ima čudnu fantaziju, pada mu na pamet nešto nesvakidašnje i izuzetno. Dok se Hajner zadovoljava prinčevima, nadbiskupima i monarsima, Fridolin rado posluje sa dželatima, ludacima i pritajenim vešticama. Kandže se pružaju iz svakog drveta, svud je opasno i podrovano tlo, *patuljci tek što nisu stigli.* – A kad se njihova igra vinula u najviše i najvrtoglavije predele, Hajner je odjednom, bez ustručavanja, sa slatkom i bestidnom samohvalom *tvrdio da je on Bog.* Ali Fridolin odnekud iz veće dubine, mnogoznačnije i prepredenije *obznanjuje da je on Polubog.* I ko će se sad usuditi da presudi koji je značajniji, ko ima veću moć?

Postoje mnoge zemlje o kojima valja brinuti i za koje jedino oni snose odgovornost. Oni, njih četvoro, u stvari nisu kraljevi u nekoj od tih država, oni su u neku ruku izvan stranaka, kao Najviši Savet, poslednja instanca. Njihova zaštita pripada kraljevstvu u kojem žive „Ize", koje svi najviše vole. To je država kojoj pripadaju pre svega životinje i sve što pomalo bespomoćno gleda u svet oko sebe, i ima velike tužne oči: otežale krave gospodina Gunderlinga, koje izgledaju tako zabrinute, stari pas Luksi, neke bebe koje ubrljane, začuđene, sede ostavljene u dvorištima seoskih kuća, jedan jadan predebeo slon iz slikovnice. Luksi je kralj u zemlji Iza, on s dostojanstvom nosi krunu; u vladanju mu dabome treba malo pomoći, jer teškoće u izražavanju i blaga zaglupljenost su uopšte odlika tog naroda.

„Kli-Kli" je monarhija podmuklih seoskih mangupa. Zar već samo „Kli-Kli" ne zvuči kao pakostan smeh, kao oštar zvižduk, bacanje kamena, drska primitivna podmuklost? „Ize" i „Kli-Kli" su u neprijateljstvu, oduvek su to bili, od samog početka, kako bi i moglo biti drukčije. Već u drevna vremena bilo je tu krvavih borbi.

Ali u novije vreme sve opasniji je jedan drugi neprijatelj, iz dana u dan sve sumnjiviji, protiv koga se treba boriti: „Vufih", neprijatna i moćna republika u kojoj je gospođica Konstantina predsednica. Prodavačice su joj ministri, nastavnice klavira muče narod – prava zemlja žena, bestrasna, ali nemilosrdna. Zar i mama u odvratnim trenucima nema posla s njima? – „Vufih": zemlja odraslih, bez mnogo priče, gora i od Kli-Klia.

Vufih i *Kli-Kli* su sklopili savez, kakvo se dobro može izroditi iz toga? Zemlja *Iza* je ugrožena, to je sigurno i deca su se uzrujano skupila jedno uz drugo. Pa zar nije tek nedavno zemlja *Iza* podlegla, i skoro da je to bilo konačno. Kuli, mali debeli kralj slonova tada je bio žrtva: Herbert, seoski mangup, proburazio ga je prilikom raskošnog kraljevskog obeda. Usledila je bila velika pobuna, revolucija. – Takve stvari je ovog puta valjalo izbeći.

Sasvim raščupane crnokose paž-figure, u iscepanoj kecelji, mršavija od svakog dečaka, Renata naslonjena na ljuljašku, stoji napeta kao strela, odlučno rešena na delanje. „Vi oklevate", viče energično. „I mi moramo ući u borbu! Izbatinaćemo *Kli-Kli,* Hajner čuči u pesku, uplašeno se igra vlatima trave i stavlja prigovor, toliku energiju otklanja smeškom. Fridolin tajanstveno, okrenute glave spominje neke dželate i veštice koji mu navodno stoje na raspolaganju. Lishen je, razume se, sa-

21

svim pasivna, ona samo sluša ljupko otvorenih očiju kao prefinjeno visočanstvo iz zemlje *Iza*.

Renata mrgodno nabira obrve, borbeno švićka svojim prutom. „Ovog puta moraju u to poverovati!“ zahteva njena amazonska surovost. Ali Hajner, prelazeći rukom lako i zamišljeno preko svojih sjajnih uvojaka, izbegava da se susretne sa zahtevnim pogledom svoje sestre, zbunjeno gleda preda se u pesak i smeška se *Kli- -Kli* su vrlo moćni.“

U jednom trenutku može se sve izmeniti. Nestaju međusobno zaraćena carstva, opasnosti i mračne zavere. Kuća postaje luksuzni parobrod, bašta paluba za šetnju. Svi su odrasli, veoma fini, putuje se u Aziju, oko broda se talasaju livade, zeleno talasasto more. Svi imaju imena odraslih, bogati su i ne moraju sebi da uskrate nijednu želju. Fridolin se zove *gospodin fon Levncan* i milioner je. Hajneru se obraćaju sa *gospodin Štajnrik* i on, naravno poseduje milijarde. Razgovor se vodi u malim grupama i vešto se ćaska. *Baronica Bodesen,* koja se zvala Renata, poprimila je sportski amerikanizovan izgled, gospođica *Lishen fon Hirzlman,* njena mala družbenica, mora da ostane u pozadini, zbog čega se ipak malo ljuti.

„Ah?“ žali se gospodin Štajnrik, unjkajući blazirano, na ovom brodu se nude tolike mogućnosti – svake večeri tri pozorišne predstave i tri koncerta. Kuda da se pođe, zar ne, takav luksuz?“ A energična baronica uopšte više voli da uveče progalopira palubom na svom vrancu.

I lutke, inače nekorisne i krute, uključene su u mondeni život. Veliku ulogu igra pre svih gospođa Madamhen, ona je najotmenija u svojoj ružičastoj haljini s plavokosom perikom. Boblhen, sin gospodina Štajnrika je, nažalost, veoma lakomislen i zbog toga već ćelav. Njegov otac ozlovoljeno priča da Boblhen često ide na sve tri predstave i na sve koncerte u toku jedne večeri, što toliko prelazi svaku meru da baronica Bodesen preporučuje batine.

22

Gospođica Konstantina „domaćica broda", nije baš omiljena, ali šta nam ona može, je l' da? Spretnom konverzacijom može se jednostavno preći preko njenog odbojnog vufi-postojanja.

Evo, sad se parobrod zaustavlja, to je ostrvo Karo u Velikom okeanu. Zar ne bismo mogli malo da prošetamo po kopnu? I zar ne bi odgovaralo pravilima učtivosti da pozovemo u šetnju i domaćicu broda?

A drugačije gledano, stvar zapravo stoji tako da gospođica Konstantina, loše raspoložena, dolazi po decu da ih vodi u šetnju.

Silaze zajedno džombastim seoskim putem pored koga su starinski oslikane kuće. Sveci, odeveni u maštovite odežde oštrih nabora prete sa kućnih fasada i svojim ispruženim rukama čine čuda. Horde dečaka s ulice sad će se pojaviti. A njih četvoro idu učaureni u svoju igru, živo ćaskajući, i sasvim opčinjeni.

Gospođica Konstantina zabavlja se s prodavačicama iz radnje za šivaći pribor. Deca, neobičan skup, stoje po strani u svojim fantastičnim prslucima.

Iza brda stižu tamni oblaci, deca se zbijaju kao da ih je strah oluje koja bi iznenada mogla da grune. Da li možda drhte i zbog blagoslova svetaca iznad njihovih glava, koje ovi patetično dele zamahnutim rukama? Silinom svog prizivanja taj blagoslov skoro liči na kletvu – a ulični mangupi se u međuvremenu dogovaraju kako da ih što više nerviraju.

Lishen gleda glupasto i zbunjeno oko sebe, kao mali bezazleni anđeo. Hajner se odsutno i ljubazno smeška, galantno i sa osmehom naginje glavu prema Renati: „Dražestan grad, ovaj Kairo, zar ne, draga baronice?" Ali Renatin pogled, ispod rašćupane kose, samo je prkosan.

Fridolin primećuje tiho, mnogoznačno, kao da baš ne želi da se suprotstavi Hajneru i kukavički pogledajući ustranu: „Ipak, izgleda da ovde žive samo ljudožderi i patuljci".

Na to svi zaćute.

3.

Još dok su deca bila u šetnji, gospođi Kristijani su u dnevnu sobu doneli jednu posetnicu i Afra najavi da napolju čeka neki mladić. Mama na to tako oholo obori oči kao da je neprilično posmatraju gospoda sa kupališta. „Vi znate da ja nikog ne primam"? reče strogo i ostavi posetnicu na stranu. Sedela je neumoljiva, spuštene glave i malo stisnutih usana, kao da je igumanija i da je neko uvredio nekom bestidnom porukom. – Nije pročitala ime koje je stajalo na kartici, samo je letimično primetila da se mladi gospodin po imenu zove Til.

„Gospodin je veoma uporan", reče nezgrapna Afra spetljano, „nećemo ga se tako lako otresti". Milostiva gospođa je bila neobično srdita i bleda, s gađenjem je okrenula lice prozoru i rekla samo: „Pa, onda ga uvedite."

Mladić nije bio visok, ali veoma vitak, njegova odeća je bila malo previše po modi i već malo iznošena, sa košuljom od plave svile i pohabanim polucipelama. Imao je veoma upadljive obrve, iznenađujuće guste i visoko zalučene, izgledalo je kao da ih stalno podiže na gore, usled čega su mu oči delovale detinje razrogačeno i uplašeno. Ali njegove tako uvećane, široko otvorene oči bile su izuzetno upadljivo, čak zbunjujuće plave boje.

Kristijana koja je još uvek sedela strogo sveštenički kraj prozora, upitala je tiho: „Izvolite, šta želite?" i ponudila mesto pokretom koji je bio uvredljiv.

Mladić je govorio veoma učtivo i brzo, ali nije skidao svoje detinje, uznemirujuće oči sa Kristijane. „Već dugo sam strastan poštovalac vašeg preminulog supruga", reče on vešto i sa žarom, „ne znam šta bi od mene duhovno i kao čoveka bilo da nije njegovog dela. Osetio sam dakle, verujem da ćete razumeti, vruću i neodložnu želju da upoznam kuću u kojoj je proveo poslednje dane svog života, njegovu biblioteku, možda neke njegove slike i, pre svega: vas, milostiva gospođo", reče s dečački galantnim osmehom i lakim kavaljerskim naklonom, „pošto ste vi bili toliko prisno vezani s njim.“

Govorio je kao lepo vaspitan čovek, lepo sročenim rečima, ali prebrzo i sa čudnom detinjom prostosrdačnošću koja je delovala pomalo smešno i dirljivo.

„Da li i vi pišete filozofska dela?“ upita Kristijana, još uvek na damski način nepristupačna, ali bi sad povremeno njene oči kliznule po njegovom nemirnom licu, sa grimasama dok je govorio, i oko njenih usta treperio je onaj smešak čekanja, mrtav i radoznao. – Na njeno pitanje on se tek malo nasmeši. „Da, da, kako se uzme“, reče brzo, „ja, tako, pišem sve moguće – uopšte radim svašta“.

Posle nekoliko minuta prolazili su zajedno kroz kuću da bi on sve pogledao što je podsećalo na mrtvog učitelja. Stajali su jedno pored drugog u polumraku njegove crne radne sobe. „Da, ovde je još sve na istom mestu kao što je on ostavio“, reče Kristijana prigušeno. „Njegove brojne knjige, njegov veliki nož za sečenje hartije, velika mastionica.“

Bile su tu samo dve slike na zidu: iznad pisaćeg stola, u mrkim tonovima fotografija ranogotskog Hrista, koji, iskrivljen od bola, daje blagoslov sa krsta i dalje, bočno, jedna velika fotografija Kristijane kao neveste, lica polupokrivenog velom, malo zabačenim unatrag, oko usta smešak čekanja i blažena zanesenost. „Da, vas je mnogo voleo“, reče Til pobožno, gledajući fotografiju. Udovica uzvrati tužno i ponosno: „Na kraju sam postala za njega neka vrsta simbola“. – Reč „simbol“ izgovori nesigurno i teško kao da ne zna šta ona treba da znači. – Til je odjednom pogleda pravo u lice i zaključi da ona stoji veoma zaplašeno među tim knjigama i pred fotografijama. I video je sad, prvi put, koliko je neobično lepa. – Bez veze sa tim on primeti: „Ovog Hrista imam uostalom i ja – da, znao sam da ga vaš muž toliko voli“.

Zatim su otišli na gornji sprat gde je iznad širokog kreveta od mahagonija stavljena na crni somot, visila posmrtna maska. Bez reči, sa detinje razrogačenim očima Til je netremice gledao to belo lice kao da ne sme više celog života da zaboravi nijednu pojedinost na njemu.

„Do kraja je izgledao kao sveštenik", reče Kristijana bojažljivo, prekidajući tišinu. Til odgovori polako, tonom kao da se plaši: „Ali na kraju nije više ni u šta verovao. Njegovo jedino ubeđenje bilo je da su sve vrednosti naše kulture mrtve i uništene, da predstoji ogromna katastrofa, konačno raščišćavanje sa svime, boljševički potop". „Poslednjih godina bio je nihilista", reče Kristijana praznim glasom i zabrinuto. A Til, ne slušajući je, još u svojim mislima: „Onda sam, čitajući njegove knjige, postao boljševik". „Ah, vi ste boljševik?" upita ga Kristijana oprezno. Nepoznati mladić se kratko nasmeja. „Da između ostalog."

Ispred posmrtne maske koja je u dubokom ćutanju gledala nekud iznad njih, stajali su jedno pored drugog i njihov razgovor bio je zbrkan i isprekidan. „Ali kao najlepše ostale su njegove sasvim katoličke knjige", rekao je opet posle male pauze, smešeći se na drugi način, „njih volim bezmerno". Jednostavno i zainteresovano zapita Til iznenada: „Da li je još bio sveštenik kad vas je upoznao?" A ona, pokajnički oborenih očiju: „Bojim se da je on upravo zbog mene istupio iz svete crkve. Ja to nikad nisam mogla shvatiti. Ja sam verujuća hrišćanka". – Pokraj sebe čula je hladan, usamljen mladićev glas: „Ja ne verujem više u Boga." Nije se usudila da ga pogleda u lice, ali je znala da su mu sad oči postale beskrajno tužne. – U tom trenutku je prvi put prema njemu osetila nežnost.

Kristijana ga pozva da ostane na čaju, uskoro su sedeli na verandi jedno naspram drugog za malim okruglim stolom. Posmatrala ga je i govorila u sebi da zapravo nije lep, čak možda ni lepuškast. Usne su mu bile suviše pune, a nos nije plemenito oblikovan. Ali mu nešto tamnije plava, ovlaš razdeljena kosa lepo pada na čelo, a čelo mu je lepo, a oči prelepe. Pa, ako dobro promisli, i usta su mu lepa i detinja kao i njegove oči. Deca su se vratila, javila se i tražila kolače. Prvo su se držala nepristupačno, stav kojim su obično plašili posetioce, naročito se Renata zlokobno natuštila. Fridolin u iznenađujuće savršenom maniru i sa spretnošću grbavca upita s malo ukrivim naklonom: „Nadam se da ne smetam?", na šta se nepoznati mladić srdačno nasmeja. Uopšte on se ubrzo sprijateljio s decom. Nije imao ponašanje odraslih koji postavljaju pitanja, a oseća se da ih odgovor i na zanima, koja deluju blagonaklono retorički i na koja su deca odgovarala kratko i nabusito – on ih je pažljivo osmotrio i razgovarao s njima kao sa interesantnim malim drugarima. Uskoro je razgovor postao veoma živahan. Fridolin poče da mu objašnjava da se on zapravo zove gospodin Levncan i da je jedan od najbogatijih direktora na kontinentu.

Kristijana se uplitala u razgovor, bila slatko i dirljivo vesela, čak su joj se rupice pojavile na obrazima i oči joj imale sedefaste prelive. Pitala je Tila dokle može da ostane i kad ga očekuju u gradu. – Međutim njega niko nije čekao, u krajnjem slučaju njegov brat, ali on je na samrti, i kad se bude bližio kraju, već će ga pozvati telegramom. – Na samrti? – Kristijana se zapanjila i rastužila. „Jadan", reče ona blago, „sigurno je još mlad". Ali Til nije prihvatio taj razgovor. „To je neprijatno", reče on kratko. „Nikad se ne smem suviše udaljiti od grada gde on leži u bolnici. Već nedeljama me tako drži, svakog dana može biti gotovo." Kristijani se učini da nije dobro čula, naježila se zbog tona u njegovom glasu. „Zar vaša majka nije tu negde u blizini?", upitala je suzdržano. On odgovori suvo: „Ne, naši roditelji su pomrli. Nemamo nikog moj brat i ja". – Odjednom je videla one iste oči kakve su bile kad je govorio o svom neverovanju.

Ispričao je na brzinu da namerava da ostane ovde nekoliko dana, da stanuje u „Kafe am Vald", to nije daleko od vile milostive gospođe. „Hteo bih da ovde malo

27

radim“, izgovarao je to sporo i gledajući preda se, „moram nešto da završim, jedan mali roman – da, pišem povremeno – za novac, zapravo samo za novac.“ Reč „novac“ zvučala je uznemirujuće u njegovim ustima, ispunjena istovremeno mržnjom i sladostrašću. „Treba mi mnogo novaca“ i oči mu se zatamneše kao u srdžbi, „nikad ga nemam. Ja nikad nemam novaca, znate li šta to znači? To je užasno, verujte mi, to je gadnije od šuge. Novac je postao princip samog života, manje je vredan, postao je odvratan, do povraćanja, dostižan samo rđavom – meni nedostižan, meni potpuno nedostižan. Ne zadržava se kod mene, shvatite me, izmigolji se, ne voli me, lepi se za druge ljude, ne trpi me.“ On odjednom proturi stopalo ispod stola i pokaza deci svoje iznošene cipele. „Potrebne bi mi bile i nove cipele“, pritom se grubo nasmeja i kao da nekom preti. „Ponekad zaradim novaca“, hvalio se još uvek uz smeh, „ali moje potrebe su komplikovane, toliko toga treba kupiti.“ Sve četvoro dece je još uvek zurilo u njegovu cipelu – koju je tako bez milosti izložio pogledima. Bila je šiljata i lepog kroja, baš elegantna, nekad, koketno išarana malim rupicama po rubovima.

A Til je opet bio dobre volje, govorio je dalje o sebi, mnogo i sa čudnom otvorenošću, dok ga je Kristijana posmatrala i smeškala se, a deca sedela skrušeno kao u operi. „Na početku sam, od svoje šesnaeste do osamnaeste godine, bio u omladinskoj organizaciji *Vanderfogl,* pričao im je, „nosio sam zelenkastu keceljku, i čvrsto sam verovao da se sa malo etike sva zbrka opet može dovesti u sklad. To je sigurno bilo moje najsrećnije doba“.

Govorio je o tome gde je sve u međuvremenu živeo, govorio je o Parizu i Berlinu, o Kairu i Madridu. U Njujorku mu se desilo ovo, a u Tunisu ono. Kad ga je Kristijana upitala koliko on to ima godina, on reče: „Dvadeset i jednu“ i začudio se što se ona na to nasmejala. Usred tog pričanja skretao je povremeno razgovor na umrlog domaćina, pokojnog učitelja, i onda bi mu glas bivao tih i pun poštovanja. „Je li on bio duhovit?" upitao je prigušenim glasom i s izrazom podozrivosti. „Da, da, mogu da zamislim, često baš podrugljiv, često neprijatno podrugljiv." Hteo je da zna koje od dece podseća na njega i u kojim crtama. „Mogu već da zamislim: Renata ima njegove tamne oči i sigurno je nasledila mnogo od njegove dostojanstvenosti. Fridolin je nasledio njegovu izuzetnu domišljatost. Sigurno i Hajner u mnogome podseća na njega, iako zapravo nema spoljašnje sličnosti. Ali ja zamišljam: mora da je on tako gledao." – Govorio je tiho da ga deca ne čuju, govorio je nežno i tiho kao za sebe, ne obraćajući se ni mami.

Usred razgovora pogledao je na sat, primetio da je već kasno i izvino se što već mora da ide. Postade učtiv i konvencionalan, dolazile su mu prigodne i uglađene reči: „Bilo mi je veoma prijatno, milostiva gospođo", i „Sve je bilo zaista silno interesantno." – Ona mu sa starinskim damskim gestom pruži ruku na poljubac, nasmeši se i reče da se nada da će opet doći. I on reče da se nada nagnuv se hitro nad njenu pruženu ruku, ali kad je opet podigao glavu, gledao je pored nje i široko otvorenih očiju u prirodu.

Na čelo je nabio vrlo meki sivi filcani šešir i stavio nemarno cigaretu u usta. Izgledao je skoro sumnjivo, previše velegradski, kao neki s ulice ili iz kafea, sa rukama u džepovima, s nespretnom i drskom gracijom. „Laku noć, milostiva gospođo", reče još jednom i nasmeši se mimo nje, a ona je sa smeškom na usnama pokušavala da ulovi njegov pogled.

Deca su pitala da li mogu da otprate gospodina do njegovog hotela „Kafe am Vald."

Krenuli su s njim niz seoski put. Već je bilo skoro sumračno. Nije razgovarao s njima, niti izvadio ruke iz džepova. Zviždao je jednu dugu, tužnu melodiju, koja se pela u visinu i spuštala, lepršala gore-dole, bivala tiša i glasnija – on je puštao da leti i leprša zajedno s njim, poput crne usamljene ptice kojoj je dozvolio da ga prati.

29

Pred ulazom u hotel oprosti se ljubazno i mirno od dece. Samo se sagnu nad Hajnerom i lako mu pomilova kosu.

Deca ni u povratku kući nisu mnogo razgovarala.

Kad su stigli mama se već bila povukla i poslala tople pozdrave preko gospođice Konstantine i saopštila da je umorna.

4.

Sledećeg jutra deca su tvrdoglavo tražila da posete nepoznatog mladog gospodina u „Kafe am Vald". Mama je branila, pocrvenela je, deca nisu shvatila zašto. „To se ne može", rekla je smešeći se uznemireno, ali taj smešak nije bio upućen deci, smešila se prosto za sebe, smeteno i srećno. – A Hajner je ovog puta bio energičan. Navodio je uporno kao razlog da on nikad dosad nije video hotelsku sobu i ostajao je pri svojoj želji, nije dozvoljavao da mu se to uskrati. „Pa, ako dakle nema drugog izlaza", reče mama – i evo je gde već stoji pred ogledalom, „onda da idemo". U stvari mamu niko nije pozvao da se pridruži tom izletu. Ali bilo im je drago i tako krenuše. – Dok nisu stigli do hotela mama je morala još mnogo puta sebi da prebacuje, da se jada i lamentira. „Draga deco, to nije s vaše strane nikako u redu", jadikovala je tupim glasom, mehanički, kao da su joj misli negde drugde, „gospodin će se strašno uplašiti".

Bio je početak aprila, vetrovit prolećni dan, na ivicama seoskog puta i na već mrkim livadama ležale su još gomile prljavog snega. Sve je bilo mokro. Gazili su kroz lapavicu, livade su bile ispresecane potocima i malim odvojenim tokovima. Golo drveće se treslo od smeha i mama se smejala, srebrnasto i uzbuđeno, jer je vetar krenuo da joj pokvari frizuru, zaštićujući kosu rukama, spoticala se i smejala. Deca su se smejala zajedno s njom, sve petoro su grcali od smeha. Tako su pozdravili i gojaznu gazdaricu hotela „Kafe am Vald“. I onda uz stepenice, gde je mirisalo na masnu hotelsku hranu, pa zakucaše na sobi broj 17 i ne sačekavši „Slobodno“, širom otvoriše vrata i jurnuše u sobu.

Til im, u crnoj pidžami, potrča u susret, bio je bos, sa lica mu je kapala voda i peškirom je mahao kao nastavom. „Došli ste!“ viknu on i poče da se smeje, jer su se i deca slatko smejala. „Upravo se umivam – raskomotite se“. On otrča do umivaonika i dok su deca stajala oko njega, zaroni lice duboko u vodu.

Ali gde je mama? Mama je ostala dole. Da li se usred tih salvi smeha predomislila? Da li se negde sakrila? Ili je otrčala kući? Kakva glupost! Deca su je dozivala, Til je zajedno s njima istrčao skroz mokar i bosonog. „Mama, gde si?“ dozivala su deca. I on, upadajući: „Gde si, mama?“ Ali nje nije bilo, nestala je, nikakvo dozivanje tu nije vredelo. „Snaći ćemo se mi i bez nje“, smejući se rekao je Til i oni potrčaše natrag u sobu.

Dok su deca preturala po njegovim stvarima, on se oblačio. Takav džumbus izmešanih časopisa, brošura, knjiga još nikad nisu videli, pored *Berliner Ilustrirte* ležala je *Volja za moć, Novi zavet* pored američkog modnog žurnala, neki spis o seksualnoj patologiji bio je pored Budinih beseda, dela iz prirodnih nauka pored sumnjivih pariskih hit-romana, između toga brošure o Rusiji, mnogo fotografija, kubistički crteži, lutke. Deca su uzbuđeno prelistavala sve časopise, vikala od zaprepašćenja, pokazivali jedno drugom, kikoćući se, smešne naslovne strane i neobična imena. Til im priđe napola obučen. Smejući se zajedno s njima i posmatrajući ispreturanu hrpu knjiga i svezaka, reče: „Jeste, ja sam mlad evropski intelektualac“, i smeh mu je bio zvonak i vedar.

Tek što se obukao, on reši: sad ćemo da idemo na kupanje, ali taj plan decu užasnu. Svi u glas u ga ubeđivali da je to nemoguće, pre maja ne treba uopšte ni pomisliti na kupanje, donedavno je na ribnjaku još bio led. „Dobićete grč od hladnoće!“ starmalo je prorokovala

31

Renata. – Ali Til reče, „sredićemo to", i već se stušti niz stepenice.

Ne sluteći ništa loše, sedela je kabinerka pred svojom kućicom, kako je mogla očekivati tako užasan prepad? „Ali gospodine, gospodine!" kreštala je izbacujući pljuvačku. „Ali mladi gospodine, navući ćete najgoru difteriju, govorim vam kako jeste!" Renata ju je jako podržavala, Fridolin postao pakostan i zao „Dovraga Meka i Medina!" psovao je orijentalno, „radite šta hoćete!" – Til nije mogao da zaustavi smeh. Pred starom je iskazivao sve svoje veštine, milovao je po kosi, nadevao joj fantastična nežna imena. Ni Renati nije polazilo za rukom da ga smiri. Još bi ponajpre odustao zbog Hajnera koji se sav potišten ućutao: „Samo da vam ne škodi!" rekao je tiho.

Najzad je Tilu pošlo za rukom da od stare izmami jedne crvene kupaće gaćice, i on odmah nestade u kabini za presvlačenje. Stara je još preneraženo gunđala – da joj se ovako nešto još nikad nije desilo i to „po vom vetrovitom vremenu" – a on je već potrčao preko trambuline. Trambulina je odskakivala pod njegovim koracima, on je drhturio i smejao se i već u odskoku mahnu deci. U vazduhu je napravio bravurozan salto, telo se zabelasalo u vazduhu – onda pljusnu voda i Til nestade. Deca se uplašiše, sad je došlo ono, grč, znali su da će tako biti. Hajner ne reče više ni reč, lice mu pobele, drhtao je, zubi su mu cvokotali. Ali onda, iznenađujuće daleko, izroni Tilova glava iz vode, on nadu obraze, puktao je, smejao se i otplivao velikim zamasima.

Ko to trči preko livada? To je mama, njeno lice je besno. Mama prilazi dahćući, grdi ih već izdaleka, viče, gubeći dah „Pa to je nečuveno! tako nešto – tako nešto, pa to je nečuveno!" Zaustavlja se kod dece i velikim gestom grli Renatu i Hajnera. „Sigurno vas je hteo naterati da se s njim kupate!" grdi mama slomljenim i izmenjenim glasom. „To je od njega užasno – to je bezobrazluk". Ali pokret kojim je zaštićivala decu bio je izveštačen i krut, njene oči nisu bile kod dece, kod plivača su bile, koji je sad jakim zamasima veslao prema obali. „To će ga sasvim sigurno koštati života", reče Kristijana odjednom tiho i s tugom skide ruke s dečjih ramena.

Til je već izašao, s njega se cedila voda, nag, sa zamršenom kosom prilazi Kristijani. „Nisam tu zato da na vas pazim", požali se ona, izgubivši pribranost, „ja vas i ne poznajem – uništavajte sebe ako baš hoćete – ali moju decu! Znam sigurno da ste i moju decu hteli navesti na tu ludost!" i pokret joj beše opet onako neprirodan i prenaglašen kao kad je prigrlila decu.

Sad je Til stajao direktno pred njom. Samo se smejao, nije odgovarao. Telo mu je podrhtavalo, kao telo mladog pastuva koji se zaustavio posle galopa. U grudima mu je hripalo, njegov prekrasan smeh bio je isprekidan hripanjem i hvatanjem daha, kao što se smeje trkač kad prvi stigne na cilj. Crvene kupaće gaćice činile su njegovo telo još nagijim i razodevenijim nego da je bio potpuno neobučen. Njegov detinji i bestidni smeh zbog sopstvene golotinje bio je takav da je Kristijana mislila da će propasti u zemlju. Kako pobeći od tog pogleda! Što se zemlja ne otvori?

Ona zamahnu rukama unatrag, zacrni joj se pred očima. Kabinerka pritrča. Deca su užasnuto gledala u kao kreda belo majčino lice koje se ruši na zemlju.

Što ga je manje razumela, sve ga je više volela. Mogla je satima da sedi kao omamljena, uvek sa jednom mišlju: Sad volim njega. Sad volim njega. Iako je o tom premišljala hiljadu i opet hiljadu puta, ta nova nečuvena misao je sve nadvladavala: Sada volim njega.

U stvari bio je više prijatelj njene dece nego njen. Sa njima se potpuno slagao, kao da je to samo po sebi razumljivo, toliko su se saglašavali u svim stvarima da je to nekad bilo prosto neprijatno čudno. Uskoro je bio posvećen u komplikovano tkivo njihovih igara, u svemu se snalazio, bio je sad sigurno najmoćniji zaštitnik zemlje *Ize* i najopasniji protivnik *Kli-Klia*. Sa milionerom Levenčanom vodio je veoma ozbiljne razgovore, prema madmoazel Lishen Hirzlman bio je galantan i prijatan, preduzimljiva baronica Bodesen umela je da ih zabavi sportskim i smelim anegdotama. Ali ga je tiše i nežnije prijateljstvo vezivalo za Hajnera. Viđali su ih u vrtu kako šetaju, ili bi Hajner sam, bez reči, odlazio da poseti Tila u „Kafe am Vald".

Til je sa decom preduzimao daleke šetnje, daleko van imanja Cvikerovih, bez plana su tumarali poljima, zatim kroz šume, nove šume za koje deca uopšte nisu znala, gde im se drveće činilo džinovsko i živo.

U takvim šumama umeo je da im priča bajke koje su bile snažnije i neobičnije nego što su ikad mogli da sanjaju. „Bolje bi bilo da smo ranije živeli", reče Til deci, „mnogo ranije – pre milion godina. Tada još nisu postojali ljudi, ni oni čovekoliki majmuni nisu postojali, nastali su tek posle mnogo hiljada godina, već su imali mnogo sličnosti sa nama, podmukla i lukava srca. Na samom početku postojalo je jedno ostrvo Hodvana, tu gde je sad samo voda – tu gde je sad more, tu se nalazilo to ostrvo. Tamo su boravila prva bića iz kojih smo se mi razvijali milionima godina. Bila su pokrivena krljuštima, imala su veliki kljun, krila i šape, uz to ogromne oči, sa pogledom koji danas više niko ne bi mogao da podnese. Svi su se međusobno mrzeli, ako bi se usled neke nesreće susreli, ostrvom se razlegao silan tutanj i mumljanje. Bili su veliki kao bregovi, mislim da su im oči bile neverovatno tamnoplave i u njima zlatni svetlaci. Kad bi se danas u Evropi pojavilo jedno od tih prvih srditih bića, cela Evropa bi počela da plače okovana njegovim pogledom. Taj pogled posedovao je gigantsku nevinost, bio je isto toliko potresan koliko stravičan. Celu uplakanu, skrušenu Evropu", završavao je Til priču, smejući se, „taj bi džin proždro u jednom zalogaju. Takva su, eto, bila prva stvorenja; neizmerno nevina i

34

neizmerno proždrljiva." Prestao je da smeje i izgubljeno je gledao preda se u travu.

Uveče se rešiše da uplaše mamu, preturali su po sanduku sa pozorišnom garderobom i svi se maskirali. Kad je mama uveče ušla u svoju spavaću sobu, upalila svetlo, zastala u vratima udubljena u snove i misli, saletele su je krešteći iz svih uglova utvare. U plamenocrvenom ogrtaču s kapuljačom iskočio je ispod njenog kreveta Fridolin, Hajner, sa zlatnom papirnom dijademom, polunag, mašući skiptrom u ruci, trijumfovao je sav ozaren sa ormana, sa crnim maskama na licu plesale su Renata i Lishen. Kristijana pomisli da je sišla s uma, sigurno je to neka halucinacija, ukočila se i nije vikala drhteći sva. Kao vrhunac svega pao je zaslon za peć i iza njega se u sjaju pojavi Til. Imao je na sebi srebrnast oklop, uz ratnički poklič mahao je svetlucavim rukama. Kristijana se zanese, poblede, i tek kad je svih petoro okružiše i počeše klikćući da igraju oko nje, poče da se smeje. Smejala se mnogo i iznemoglo, jer je isto tako mogla i da plače.

Deca su počela da je zamaraju, ljutili su je tajni dogovori koji su ih stalno vezivali za Tila. Bila je ljubomorna, a nije to sebi smela da prizna.

A kad je bivala sama s Tilom plašila se svake reči koju kaže, problemi s kojim se borio mučno su prevazilazili njen horizont. Mnogo je govorio o Sovjetskom Savezu i o Americi, dok je to govorio oči su mu bile zamišljene. „Danas se zapravo svaki čovek mora opredeliti za jedno ili za drugo", govorio je strasno i izmučeno – a ona nije razumela šta on time misli. „Pa to su te dve velike sile koje su danas odlučujuće. A Evropa među njima, kakav opasan položaj. I jadna Evropa među njima!"

Povremeno bi, iznenada, usred neke druge teme, izgovarao značajne i radikalne reči i to je nju skoro još više plašilo: „Naša omladina se toliko pašti svojom problematikom i svojom haotičnom situacijom", reče odjednom, „možda smo mi u stvari omladina koja je najmanje opterećena problemima. Mi samo govorimo o problemima, ali u njih ne verujemo. Mi uopšte verujemo samo u život – i u smrt...“

Bilo joj je strano ono što joj je pričao o svojoj prošlosti i zgražalo je. Hvalio se time kako spretno ume da krade. „Jeste“, reče veselo, „uhvatio sam ja to. Malo flertujem s prodavačicom i dok ona trepće i smeje se, ja trpam šta mi se dopadne – flaše s rakijom, fine engleske biskvite, privlačnu kozmetiku.“ Šta Kristijana da kaže na to? O erotskim abnormalnostima koje su za nju bile poročne, govorio je s razdraganom prirodnošću. Nije mogao da se smiri od smeha što ona nije znala šta je to „transvestit“. Često je bio veoma razdražen kad je homoerotsku ljubav nazivala nenormalnom u odnosu na muško-žensku. Bio je sklon da je vređa, kad bi mu protivrečila. Govorio je: „Pa da, vi ste znatno stariji od mene“, i svirepo gledao u stranu, na šta je ona bolno ćutala. Pa, jeste, ona ide u starije godine, a žudi za dečakom.

Iz dana u dan, što je manje mogla da prati njegove skokovite razgovore, sve je više za njim žudela. Dok se u bašti igrao s njenom decom, stajala je na prozoru i posmatrala ga. Volela je svaki njegov pokret. Volela je njegovu kosu, ruke, njegova usta, oči, obrve, njegov glas, njegov hitar, zbrzan način govora, njegovu nevaspitanost, njegov smeh i setu, njegovo nemirno i pokvareno lice.

A kako se on ponašao prema njoj? Umeo je da kao poštovalac njenog muža sebi ovde obezbedi pristup, stanovao nedaleko odavde, nije ga poznavala. Nije li on, sa svojim nepristojnim uličarskim jezikom, bio za njenu decu u dobroj meri sumnjiv drug u igri. Gospođica Konstantina se već oglasila s upozorenjem. „Milostiva gospođo“, reče strogo i ozlojeđeno, „novi prijatelj vaše dece.“ Za nju, za Kristijanu nije nikad pokazivao ni prisenak interesovanja, nije ga zanimalo šta ona doživljava. Nije govorio o njoj, šta se u njoj zbiva, za to nije mario. Surov je, govorila je u sebi, on mora znati šta je sa mnom: zašto ne otputuje? On je zao, jedan zao čovek.

Ipak, svakim treptajem svog srca je znala da je on dobar. Priznavala je sebi: on je raspušten, neizmerno poročan, bez osećanja za red, za zakone – ali reči su bile glupe i gubile se. On je bio bolji od nje i ona ga je volela više od svog života.

Ponekad je zaželela da ga upita da li je bar srećan što joj zadaje toliku patnju. Nije imala smelosti, ali je on sam davao odgovore na to. Kako da shvati njegovu prirodu, kako da objasni njegove protivrečnosti? Verovala je da on strasno voli život, pošto mu je sav, tako bez ograničenja, bez pravila, potpuno predat. – Strah od života, mržnja na život provalili su iz njega sasvim neočekivano. Sedeli su spokojno jedno pored drugog, kad poče da govori: „Sramota je, sramota je, znate, što živimo. Ništavilo je bilo spokojno i dobro; tiho, miroljubivo kružilo je u svojoj dobroti. Onda se nešto pokrenu, došlo je do nekog zlokobnog grčenja – koji je đavo to upriličio? Koji đavo je veštičjim činima ubacio život u ništavilo? Za šta se svetio? Zbog čega moraju osuđenici na život da ispaštaju? Ovo je bolest, grozna kletva". A onda odjednom pokulja iz njega detinjast i primitivan očaj: „Tako bih voleo da umrem – kako bih voleo da sam mrtav – tako mi se gadi..."

Nežnost prema njemu bila je jača od straha. U takvim trenucima, iako je on bio pametan, osećala je da zna više od njega. Nije razumela njegove reči, ali je razumela njegov pogled, usamljenost i očajanja.

Najsrećnija je bila što se on pored nje smiruje. Večerom su šetajući silazili do reke.

Bila je to noć. U njoj su plovila svetla. Reka je proticala i po njoj su opet plovila svetla, u tihom njihanju rečnog proticanja. Retki šumovi dopirali su iz neke radionice, udarci čekića, udaljeno lajanje psa. Krošnje je ljuljao vetar. To dobro drveće disalo je vetrom. Zemlja je disala u noći.

5

Premda je u Kristijaninom srcu ta ljubav i velika žudnja sve više rasla, njeno se biće nije promenilo u tom smislu da bude nespokojna, naprasita, strasna, grozničavih očiju. Kretala se još tiše nego obično, otpočinula bi u spokojnom čekanju. Skoro kao neka životinja, ali se nije moglo reći koja. Kao jedna bela, otežala i srećna životinja šetala se smirenog pogleda vrtnim stazama. Ponekad bi zastala, podigla glavu, podigla ruke, protegla se od radosti zato što ga je volela. Tako je duboko promišljala njegovo ime, da je ono, kao nešto telesno, ispunjavalo vazduh i u njoj lebdelo kao boja.

Ako je celog dana bila sama, njoj se uveče, kad se spuštao sumrak činilo da je tog dana naučila da ga voli još dublje. Nije li jutros njena ljubav bila sićušna i kao šištav plamen slame? A sada se širila, sticala tajanstvenost i težinu, sad je rasla.

Svoju decu skoro da više nije prepoznavala. Kad ih je gledala kako se igraju u bašti, činila su joj se tuđa i ružna, kao neka nametljiva, mršava stvorenja. Deca su to primetila i uplašeno je izbegavala, za vreme obroka njihove oči su se bojažljivo i ispitivački zadržavale na za njih novom licu majčinom. Nepoznata su im bila ta poluotvorena usta, plašio ih je taj blaženi zaneseni pogled. Mamino bespomoćno lice, s rasejanim osmehom nagnuto nad tanjir, pa način na koji su se njene bele, povelike ruke mekim i mesečarskim pokretima služile nožem i viljuškom, privlačili su njihovu pažnju i istovremeno ih odbijali.

Kristijana je zanemarila svoje četvoro dece, sad nije bila majka. Celo njeno telo i sva njena duša čekali su začeće petog deteta.

Sa žudnjom za njegovim telom rasla je i potreba za molitvom, ta potreba oduvek je kod nje bila jaka. Sedela je satima sa krunicom u ruci i razgovarala s Bogom. U njenom srcu nije nijedne sekunde postojala sumnja da je u tim danima očekivanja velikog sladostrašća, bila bliža njegovoj milosti i slavi nego ikad ranije.

Poljubila ga je na terasi posle večere, tek što su deca otišla na počinak. Til je još sedeo ćuteći za stolom, oslonivši bradu na ruke. Ona oseti da je sad došao čas, priđe mu i zagrli ga. Zatvorila je oči, opet je preplavio duboki strah od njegovog pogleda koji nije nikad mogla da razume. Znala je da bi on i sad još, kad bi ga susrela, bio tvrd i nerazjašnjiv.

Kad je spustila svoja usta na njegova, ona su bila suva i hladna i nisu se otvorila. Ali u jezi svoje sreće osetila je opori ukus njegovih usana. Najzad njegova usta popustiše, čvrsto zatvorene usne se razmakoše. I on najzad zatvori oči i ona oseti njegove ruke na svom telu. Njena sreća bila je tako velika da je pomislila da će tu, nad njegovim usnama zaplakati.

A onda se oseti odgurnutom. Celim svojim telom gurnuo ju je od sebe, idući unazad bežao je od nje, dok se njegove ruke nisu uhvatile za balustradu. U tom pokretu uzmicanja njegovo je telo bilo toliko napeto da je skoro izgledalo kao da se opet pruža prema njoj. Stajao je tu ispred mračnog vrta, kao da hoće da pobegne od nje u samu noć. A njoj se činilo kao da on izlazi iz te noći njoj u susret.

Tako ona u najdubljoj poniznosti pođe k njemu ne oklevajući. Susrete se mirno s njegovim široko otvorenim, zapanjenim pogledom. Prišavši mu sasvim blizu, zamoli ga jednostavno i plašljivo, ali i sigurno, kao da drukčije i ne može biti: „Pođi sad sa mnom."

Krenula je polako uz stepenice, oborene glave i opuštenih ruku. On iza nje, kao da ga nešto primorava da je sledi, ali kao da to čini pun straha. I on je išao duboko spuštene glave, ali čvrsto stegnutih vilica, dok su se njene poluotvorene usne smešile.

Sela je na ivicu kreveta i odlagala pažljivo jedan po jedan komad odeće. Fotografije njene dece stajale su na noćnom stočiću u kožnom ramu, ozbiljnog izraza. Nad krevetom je visila posmrtna maska supruga, s velikim nosem, neumoljivim ustima, čistim belim čelom.

Njen ljubljeni stajao je nasred sobe, svetla noć strujala je kroz otvorena balkonska vrata i u njenom plavičastom obasjanju stajao je on kao u nekoj vodi, nag. Protegao se drhtureći, telo mu je bilo veoma mršavo, videlo se svako rebro. Oko kolena su treperili i igrali mišići. Čvrsto priljubljene noge zeble su na tepihu.

A ona, u krevetu, više se ne usudi da ga pogleda. Zatvorila je oči; javi joj se jedna misao koju se nije usudila da zadrži, od čije je prevelike slatkoće uzdrhtala. Odakle je on poslat? Zar ga nije prepoznala, anđela, koji je doneo nemir u njenu odaju? – Tada se zvala Marija i čekala začeće.

Sporo je prilazio njenom krevetu, kao da traži samo toplotu. Tek tada ga je pogledala u lice. Njegove oči su još uvek imale tvrd izraz, ali oko poluotvorenih usana lebdeo je sad mekši osmeh. Ona obuhvati njegove šake, nije znala jesu li vrele ili ledene. Oseti samo da drhte.

Tada se u njoj sve snažnije pojavi jedno drugo osećanje koje je verovatno već i ranije postojalo, ali se sada duboko i silno probudilo u njenoj svesti i ono joj se učini dublje i obuhvatnije od svake ljubavne žudnje.

Sažaljenje prema njegovom telu ispuni joj srce, tako veliko sažaljenje da je mislila da će joj srce prepući: zato što je njegovo telo stajalo tu u noći. Što su takva bila njegova ramena, mršave ruke koje je, drhtureći, prekrstio na grudima, što su takva ta obožavana kolena, čelo na koje pada kratka vlažna kosa: zbog toga bi mogla da plače. Ovo je bilo njegovo telo, telo koje je dobio rođenjem, ono je moralo da živi, da izdrži, da bude izloženo hladnoći, da čezne, da se raduje, to je bilo njegovo oduhovljeno telo, to je jedino što je imao: Ono je moralo tu, usred noći, da stoji.

Ništa u tom širokom, tugom ispunjenom svetu nije joj se činilo tužnije nego što to može biti tako. Sva tuga o kojoj bi se nešto moglo iskazati, proizlazila je iz misli, bila je dakle objašnjiva i prema tome nebitna. Ali ova druga, ova tuga tela, bila je van sitnog ljudskog razuma, neprotumačiva i golema.

Milovala je njegovo telo sad s nežnošću koja je bila sva prožeta tim sažaljenjem. Uspravljenog gornjeg dela čučala je na krevetu, a ruke su joj počivale na njegovim bokovima. „Hodi!" molila je, gledajući odozdo u njega. Ali je on samo odmahivao glavom.

Zamolila ga je još dvaput da dođe k njoj da se ogreje, da ne stoji tako oholo i drhti. Posle trećeg puta on popusti i ona ga privuče k sebi.

I bilo joj je divnije od ma čega drugog kad ga je mogla utopliti, do grla umotati u ćebad. „Ležiš li sad udobno?", stalno je ponavljala to pitanje. „Nije ti više hladno, je li?"

Sad on okrenu lice k njoj i u njegovom pogledu bila je sva strasnost njegove duše kao da je godinama čekao taj čas.

Mnogo kasnije, kad je on već odavno zaspao kraj nje, ona je ležala još budna. Položivši glavu na ruke, još jednom je milovala njegovo telo, ali ovog puta samo očima. U zanosu opijenosti pamtila je podrobno i najmanji njegov delić.

I kao da je sad dospela do jednog saznanja, do jedne male misli, koja joj se učini lepom i vrednom da se zapamti. Postoje dve vrste života, razmišljala je polako, život mirovanja i život pokreta. Postoje dve vrste čežnje: ona koja stalno tera da se ide dalje i ona koja prima život kakav jeste. Kad se mirujući život i onaj uzburkan sjedine: to je začeće.

Blaženo se smešila, jer je pomislila kako joj je sad došla na um jedna pametna misao, a uvek je sebe smatrala glupom. Sa osmehom sreće zavalila se u jastuke.

U njenom sećanju oživele su mnoge ljubavne noći sa suprugom. Videla je nad sobom njegovo krupno lice, koga se skoro bojala, crne blistave oči, ogroman nos, oštro rezana usta kojima se egzaktno i himnično divio njenoj lepoti. U tim gotovo nepodnošljivo veličanstve-

41

nim noćima se nemir njegovog duha, koji joj je ulivao strah, bacio na mir njenog tela.

A sad se uvek nanovo naginjala nad to tuđe, obožavano lice koje je spavalo.

Kojeg od njih dvojice je manje poznavala? – Sama pored njega drhtala je u hladnom jutru.

Nad njom je, u osvit zore, maska njenog supruga, sa strogom vedrinom oko usana, snevala svoje krajnje ozbiljne snove.

6.

Sledećeg jutra dođe Til, dok je Kristijana još sa raspuštenom kosom sedela pred ogledalom. Imao je na sebi sivo karirani putni kaput, sa lakim šalom od plave svile oko vrata i mali žuti kožni kofer u ruci. „Dolazim samo da se pozdravim", reče i ostade u vratima. Ona se i ne okrenu, samo je netremice gledala u njegovu sliku u ogledalu, a on je sa svojom ručnom torbom mirno stajao pored vrata. Upitala je muklo: „Kako to? Imaš li vesti od svog brata?" – on odgovori samo: „Ne, ali neizostavno moram da idem". Kristijana se ne pomaknu, niti viknu, i nije mogla da zaplače. Posle dugog, dugog ćutanja, dok je nepomično, kao skamenjena sedela, zapitala je tiho: „Smem li da pođem s tobom?" Tada se njegova slika u ogledalu nasmeši. Ovakvo je, iznad jakog plavetnila šala, bilo njegovo osvetljeno lice: široko otvorene oči usamljeničkog pogleda, iznad toga luk crnih obrva, visoko podignut tako da je čelo bilo lako nabrano, a oko usana onaj tužan, bespomoćan, uplašen i ljubazan osmejak. Vide kako joj on odostrag prilazi, sad je stajao iza njene stolice. Hoće li se sagnuti i poljubiti je? Ali on samo pomilova njenu divnu, dugu, raspletenu kosu i bez dužeg zadržavanja, s blagom nežnošću, provuče polako prste kao da se slivaju niz njenu kosu. Ona se okrenu i pogleda ga pravo u lice. I još mu u lice reče: „Ja nikad neću razumeti zašto ti to činiš".

Ali to je jedva izgovorila i to skoro bezizražajno kao protiv svog vlastitog uverenja i tiho, kao neku laž. On ni na to nije više ništa uzvratio, njegove velike, životinjske, tajanstvene oči su već gledale nekud iznad nje. „Da, moram otići", reče i njena kosa mu skliznu iz ruku.

Otišao je u „učionicu", gde je učitelj deci držao časove da i njima kaže zbogom. Stajali su sve četvoro u jednom redu pred njim. Dugo nisu mogli da shvate da on hoće da otputuje, pa kad su to razumeli, odmah im se oči napuniše suzama. „Ma, videćemo se mi opet!", tešio je svoje prijatelje, „Vi ćete tako brzo odrasti, pa ćemo se onda sresti opet, u velikim gradovima." To su shvatili i toj mogućnosti su se obradovali. Svima im je pružio ruku, a kad je došao do Hajnera, sagnuo se i poljubio ga u čelo. Dok se još borio sa suzama, Hajner se blaženo nasmeši. Od ganutosti usne su mu se trzale, oči od sreće svetlele, mada su mu krupne suze već tekle niz obraze.

Da bi ispratila Tila na stanicu, mama je obukla sivi putni kostim, koji je retko nosila. Bio je otmen, ali ne mnogo moderan, od mekog finog štofa, sa dugom nabranom suknjom. Uz to šešir visok i neobičan. Kristijanino lice je bilo potpuno bezbojno, belo i prozirno kao od nekog posebnog i retkog materijala, oči skoro crnog sjaja, neprijatno zatamnjene pod belim čelom.

Išli su ćuteći putem preko livada, išli su polako, jer Til je morao i kofer da nosi. Put nije bio dug, sa glavne ulice su skrenuli i već su se našli na prljavoj maloj stanici. Sad su još morali da stoje jedno pored drugog na peronu dok ne dođe voz, da čekaju, ali to je moglo da potraje samo nekoliko minuta. Šta bi imali još jedno drugom da saopšte? Nisu imali jedno drugom da kažu više ni reč, ni da jedno drugom predaju neki glas. Već su sve znali, a znali su tako strašno malo da bi bilo besmisleno sad početi s rečima. Reč je bila nedovoljna i prosta.

Oko njih su se ustumarale seljanke, žene s korpama s jajima, čak je i telad trebalo da utovaraju. Železnički službenici su se pravili važni, bilo je svađa, jedan debeli gospodin se uzrujao i pretio. Kristijana je jedva čekala da voz uđe u stanicu, žudno je brojala svaki sekund – a istovremeno je drhtala od straha, kad bi postala svesna da voz zaista mora da dođe, u stvari je smatrala da je to nemoguće – desiće se čudo, sigurno, voz je već negde iskočio iz šina, mnogo ljudi je poginulo – ali on je bio sprečen da otputuje, njemu je bio onemogućen odlazak, leševi su se isprečili. On je morao da ostane, ostao je.

Voz već stiže, približava se bučno, pišti i ispušta paru, smradom i crnilom ispunio je malu železničku stanicu. Kondukter se razvikao: „Dva minuta zadržavanja!" drao se, sa prozora kupea izviruju siva, blazirana lica, gledaju s podsmehom malu stanicu.

Til se sagnu nad Kristijaninu ruku ovlašno kao ono prvi put na verandi, pa se uspravi i opet pogleda nekud pored nje u daljinu. Potrča do voza, u velikoj žurbi, onda se njegovo lice pojavi na prozoru, pored nekog drugog nepoznatog.

Već kad je voz hteo da pođe viknu Kristijana – trčeći užurbanim koracima pored vagona u pokretu – „Zar ne mogu da pođem s tobom?! Obukla sam svoj putni kostim..." I sa upadljivim, očajničkim pokretom ukaza na svoju demodiranu odeću. Da, izvukla je taj kostim, koji je dosad nosila samo na putovanjima, svoju odeću za put, staru, ali skoro nekorišćenu, da bi bila sasvim spremna, ako bi je pozvao da pođe s njim. Sad je i tu tajnu odala. Da li je još nešto odgovorio? Njegovu poslednju reč je progutala buka voza. Ali jednim poslednjim, tamnim, silno koncentrisanim pogledom obuhvatila je još jednom i konačno njegovo lice koje je izmicalo.

Voz nestade iza ugla, mala stanica bi opet prazna. Kako sad da krene, da se pokrene? Kako sad doći do kuće?

Stigla je kući a da sama nije znala kako. Je l' ona to posrtala ulicama? Nisu li joj se podsmevala deca i seljanke pokazivale prstom na nju? Kako je prošla pored svoje dece koja su je čekala u vrtu i šta li im je rekla? Sad se našla u svojoj sobi i polako zatvorila kapke na prozorima. Sad samo nikakvu svetlost, samo da ništa ne vidi, ostati nepomična – sedeti u mraku.

Vapila je za suzama kao za nekom milošću, ali suze nisu dolazile. Sedela je u zamračenoj sobi, puštala da sati protiču. Moglo bi se skoro pomisliti da tu usred sobe sedi neka velika lutka. I niko se nije usudio da dođe k njoj, niti da otvori vrata. Vreme je prolazilo, a ona nije osetila kako. Njen bol gutao je vreme i bio jači od njega. Bol je bio jači od svega, sve stvari su bile sačinjene od bola, sedela je i patila, jedino je patnja bio njen život, svaki udisaj je bio bol. Ništavilo je bilo spokojno i dobro, razmišljala je sporo, tiho, miroljubivo i neimenovano, kružilo je u svojoj dobroti. Onda se nešto pokrenulo, dogodila su se neka bolna grčenja. Suze su kapale u Ništavilo. Bog je plakao u svojoj usamljenosti. Ništavilo je primilo snove božje, kao seme muško i tako se rodio život. Sav život je tužan, sav život istinski ne zna za utehu. Radi koje kletve moraju osuđenici na život da ispaštaju? Nije se pokrenula, nije osećala glad, sedela je i patila.

Tako prođe dan, usred noći ustade, pođe do prozora i gurnu kapke. Nagnu se ka toploj noći, zapahnu je mlaka i oživljena tama, pošto je u njenoj sobi bilo zagušljivo i sparno. Tada se razreši u njoj nešto, diže ruke i ispruži ih u noć, ponudi ih tami, kao da ona može da joj da utehu. Kad oseti dah vetra na svom licu, poče najzad da plače. I prvi put šapatom izgovori njegovo ime, šaptala ga je i plakala u noć.

Vrati se svojoj stolici, sede i tako plačući uskoro zaspa.

Sanjala je Tila, bio je to kratak, ali divan san. Videla ga je kako trči uz neko brdo, s naporom, hriplje, ali trči brzo. Obučen kao mladi osiromašeni proleter, oko njega vise sive rite, a između njih prosijava njegovo mrko, mršavo telo. Ali na glavi mu je srebrn šlem, veliki blistavi vojnički šlem, skoro mu pokriva oči. Bos je, noge mu već krvare, trčao je po trnju i kamenju. Ko su bili ti koji su išli za njim, ko su te male prilike? Renata, Hajner, Fridolin i Lishen svi su zamaskirani kao onda kad su majku uplašili. Brdo je bilo visoko, šta li ih je to mamilo kao cilj? Više dece priključilo se povorci, nage dece, dece u šarenim krpama. Vođa Til se doduše nije okretao ka njima, samo je neumorno trčao napred, krvavih stopala i s blistavim šlemom. Za njim se tiskalo sve više dece, nagi dečaci sa od trčanja rastresitom kosom i male devojčice u šarenim keceljicama, hiljade dece, hiljade napetih, mršavih dečijih tela koja trče i viču. – Kristijana je veoma želela da vidi cilj, prema kome ih on vodi. Nije razaznavala taj cilj, ostao joj je skriven, čula je samo kliktanje, dahtanje, razdragane povike kojima su trkači izražavali radost pred ciljem. Til zastade i okrete se, stajao je sad nasuprot bučnoj četi dece. Skide svoj šlem, gledajući iznad njih. Bio je dečji vojvoda; široko otvorenih i blistavih očiju odmeravao je njihov broj. Zatim se okrenu i potrča dalje.

Onda su prolazili dani, prolazile sedmice. Kristijana je opet odlazila u šetnje sa svojom decom i savetovala se u kuhinji s Afrom. Primećivelo se svakako da joj je pogled postao čudno odsutan, usporeno se kretala i dizala očne kapke, i blago se smešila nekud u daljinu.

Leto je bilo vrelo kao što već odavno nije. Prašnjavi seoski drumovi bili su usijani, zemlja napukla i siva, drveće čeznulo za osveženjem, osušeno i klonulo stajalo je tih nedelja u letnjem žaru. Vrt tih, samo je sa ribnjaka dopirala buka kupača. I deca su otišla na kupanje, Kristijana je sedela sama usred žege.

Sad je već znala da je trudna. U njoj nije bilo radosti zbog toga, a već odavno nije bila kadra ni za nove boli. Primila je to tupo i skoro ne shvatajući. – Leto je zujalo oko nje, vazduh je treperio plavo. Kukci su lenjo išli po

travi, suncokreti umorno nosili svoje teške glave. Uli-
com je zgrbljeno i tegobno koračao starac seljak. Pa ne-
ka na svet dođe još jedno dete, mislila je Kristijana be-
spomoćno. Time se neće ništa promeniti, da jedan više
snosi patnje ovog sveta. Možda će sad uskoro stići njen brat pisala mu je da
joj je potreban.

7.

Pre nego što su deca čestito i shvatila, stigao je izne-
nada mamin brat Gaston. Ona kao da ga je već odavno
očekivala, samo nije o tome nikom govorila. Kad su se
na stanici pozdravili, ubledeli su oboje od radosti. „Naj-
zad si stigao!", reče samo, ali s uzdahom, kao da je sad
tu neko za kim je dugo čeznula.

Deca su izdaleka i bojažljivo gledala mladog ujaka,
koga skoro nisu ni poznavala. Još nikad nisu videla toli-
ko lepog čoveka, činilo im se da je, na svoj način, mno-
go, mnogo lepši od mame. Imao je drugačije boje na li-
cu nego ostali ljudi, pre svega oko očiju, ali i tamno
crvenilo njegovih ozbiljnih usana imalo je iznenađuju-
ću, reklo bi se čak bolnu lepotu.

Nagnuo se nad maminu ruku, rekavši samo nekoliko
reči, ali je ruku poljubio sa najdubljom otmenošću i is-
krenom ozbiljnošću. Prema deci je u početku bio ve-
oma suzdržan, smešio im se doduše, ali taj osmeh ih je
plašio više nego njegovo nepokretljivo lice.

Išli su zajedno livadskom stazom uprkos vlažne ve-
černje svežine, mama i njen brat su ćuteći išli ruku pod
ruku. Gaston je nosio taman, prilično širok kaput sa vi-
sokom uzdignutom kragnom. Malo nakrivljen šešir na-
bio je duboko na čelo. Hod mu je bio neobično gibak,
zapravo nije bio lep, težak, a ipak poletan. Beše otkinuo
dugačak prut i tako je izgedao kao da dolazi s bregova,
gde je usamljen čuvao koze, i šalio se s belim kravama.

47

Deca su potajno razglabala o tome koliko mu je godina. Hajner je tvrdio da je on mamin mlađi brat i da je usred dvadesetih. Ali Renata, sa iznenađujućom ozbiljnošću, nije odustajala od toga da mora da je stariji, davala mu je trideset ili trideset četiri.

Za večerom je red bio takav da su mama i ujak Gaston sedeli na krajevima stola, dakle jedno naspram drugog, dok su Renata i Hajner, Fridolin i Lishen imali svoja mesta na dužim stranama stola. Sto je bio svečano postavljen, služena je dobra hrana, gospođica Konstantina je zamoljena da jede na drugom mestu.

Za stolom se malo govorilo. Do nogu ujaka Gastona smestio se prastari pas Luks, ujakove prilično krupne ruke često su rasejano i nežno šašoljile njegovu belu proređenu dlaku. Ispitivački kratkim, mrgodnim i koncentrisanim pogledima deca su stalno posmatrala lice nepoznatog ujaka.

Posle obroka su ujak Gaston i mama još dugo ostajali na verandi. Ni sad nisu mnogo razgovarali, samo s vremena na vreme nekoliko reči, ali one mora da su bile šaljive, jer bi se često tiho smejali. No, toliko su bili zadubljeni u misli da nisu primećivali kako se već smrklo. Nisu palili električno svetlo čak dotle da nisu više mogli da se raspoznaju. Kao nejasne prilike sedeli su jedno naspram drugog.

„Je li tata čangrizav?“, pitala je Kristijana i tiho se smejala u mraku. „Ne viđam ga često“, odogovori joj brat, „ali kad ga vidite, dabome, najčešće gunđa i lupa nogom“. Dalje nisu govorili o svom ocu.

Šetali su noću u vrtu, staze su se belasale u mraku, nije se moglo zabasati, samo bi se nekad crno grmlje nednelo nad njih – tada bi se neki delovi našli u iznenadnoj dubokoj senci. O čemu između sebe pričaju Kristijana i Gaston? Da li da ga pita o doživljajima u velikim gradovima? Sigurno je i on doživljavao isto što i ona, samo na drugi način i možda više nego jedanput. Među njima je postojala nema i tajanstvena veza, koja postoji samo među braćom i sestrama. Svako je shvatao i znao šta je onaj drugi propatio, reči nisu bile potrebne. Ona nijedanput nije spomenula Tilovo ime, a on nije govorio o onom kroz šta je on prošao. Pitala ga je samo o spoljnim stvarima, da le je imao uspeha i šta se radi u pozorištima. Pričali su jedno drugom male dogodovštine iz svog zajedničkog detinjstva i to ih je zasmejavalo. Bilo je dobro što je tu.

Onda su došle posebnim svetlom ozarene nedelje kasnog leta, posle žege i zagušljivosti koja ih je tako mučno pritiskala. Mamin pogled se opet promenio, najzad je iz njega iščezla ona odsutnost i daljina. Često je izlazila u šetnju podruku sa svojim lepim bratom. Gospođice Konstantina i Afra govorile su o „otmenom paru". U pogledu porekla milostive gospođe doduše ni gospodin Gaston nije pružao nikakve moguće pretpostavke. Da li je otac koga su ponekad tako uzgred spominjali neki stari grof, ili cirkuski klovn, ili šaptač u pozorištu, u kom je Gaston igrao ljubavnike?

Prvi put posle dugog vremena mama je opet srdačno, na stari način, razgovarala s decom koja su gradila palate u pesku i ona im je s ujakom prišla. „Gradimo palatu za Tila", reče Hajner zarumenelih obraza, „da tu unutra stanuje kad opet dođe – pogledaj: mnogo podzemnih hodnika, a iznad toga su sale za ples od mramora." Mama se sagla da zaviri u podzemnu palatu. „Da", rekla je samo, „sve sami hodnici i dvorane."

Krenula je dalje, uhvativši brata pod ruku. U vazduhu je vladao veliki mir, sada je čak mogla da govori o njemu. „Znaš, bojim se za njega", rekla je tiho, „njegova duša je lutalačka, a srce tako buntovno."

Zastali su kod leje sa lepim katama, Kristijanu su šetnje brzo zamarale. Njen brat je posmatrao cvetove, koji su se tamnožuti, tamnocrveni i beli naginjali jedan ka drugom. Kristijana se osloni na njega, sad već otežala, pa je i stajanje umaralo. „Da li će biti dečak? upita odjednom i nasmeši se. Njen brat nije odvajao oči od cveća, smešio se zajedno s njom.

8.

Ponekad bi se u šetnjama sa madmoazel Konstantinom deca našla na groblju, po kom su kao i na drugim mestima voleli da tumaraju. Pritom nisu mnogo razmišljala, ono se za njih nije mnogo razlikovalo od drugih gradskih nasada, a i gospođica Konstantina je zadržala isti izraz dosade i oholosti. Dok su čitali natpise na nadgrobnim spomenicima, osećali su i strahopoštovanje, a i zabavljalo ih je: „Ovde počiva u miru Elizabeta Štedele, ćerka posednika." „Ovde počiva u miru Anton Šalmajer, pekarski majstor." Imena često smešna, često obična, ali to ih se nije doticalo. „Ovde počiva u miru" to je bila fraza, samo mala izreka, to nije imalo nikakve veze sa smrću. Deca još nikad nisu videla mrtvaca.

Postojala su dva groblja, staro, u mestu, blizu tržnice i dalje napolju, na ivici šume, novo groblje. Deca su znala da na starom groblju „nema više mesta", već desetinama godina bilo je sasvim popunjeno. Tu su nadgrobni spomenici bili crnkasti i hrapavi, jer porodice pokojnika i same nisu više bile u životu, ili su se odselile u gradove, pa nije bilo nikog da se stara o njihovom održavanju. A novo groblje bilo je prostrano i u isti mah idilično. Tamo gde je pisalo da tu u miru počiva neko dete, neka devojčica, ili mali pokojnik, dečak, bili su s pažnjom i koketno položeni venčići nezaboravka na kamene ploče. Ponegde je na spomenicima bila umetnuta slika preminulog, tako da se moglo videti: tako je izgledao Anton Šalmajer, tako bradat i jednostavan – a tako sva cifrasta i fina gospođica Lisbet Kunc, koja je ostala neudata do svoje smrti.

Pod belim arkadama oko groblja nalazila se dvorana za opelo.

Kad su jednog prepodneva sve četvoro sa gospođicom šetali po groblju, prvo među spomenicima, a potom pod belim svodovima, desilo se da su videli mrtvog pekarskog kalfu.

Već izdaleka ugledali su beli postament, odar, draperije i mnoge vence. Ali tek u poslednjem trenutku otkriše da između mnogih venaca od veštačkog cveća leži neki bled mladić. Zastadoše i niko se ne usudi da progovori ni reč, čak i gospođica Konstantina kao da je bila zatečena.

Mladićeve kao od voska bele ruke položili su na beli pokrivač. Bio je pokriven do brade, ali ni to nije bilo dovoljno, donji deo njegovog lica sve do sad strogog nosa bio je čvrsto obavijen belom tkaninom. Samo njegovo ledeno čelo, nemilosrdno gordo zatvorene oči, šiljat, otmen nos, slobodno su počivali među ružnim vencima.

Gospođica Konstantina reče zbunjeno i drugačijim glasom nego obično: „Jeste – tu su ga doneli – danas popodne će biti sahranjen" Renata prva upita, promuklo i uplašeno: „Ko je to – ko je to bio?" Gospođica Konstantina je, dabome, bila obaveštena, bilo joj je drago što može da kaže. „To je pekarski kalfa Fridel Miler, prekjuče se na kupanju udavio. Plivao je posle večere u reci – pa, verovatno je suviše jeo – mislim da ga je zbog toga udarila kap. A sad hajde da pođemo", reče nesigurno i skoro moleći ih, „hajde krećite, šta ste zastali?"

Deca se nisu ni pomakla. Sve četvoro je netremice gledalo umotano nepoznato lice. „Zašto su mu vezali usta?" opet je pitala Renata i natmureno čekala odgovor. Gospođica Konstantina je bila predusretljiva, šta više puna snishodljivosti kao nikad. „Da, da", reče brzo, „da, da – razume se – verovatno zato što su mu usta otvorena – pa on se udavio".

Odjednom Hajner poče da drhti celim telom. Dabome – to je bilo to: usta su mu bila otvorena. Pod belom krpom, znao je on to, krila su se crna, od bola otvorena usta. – Hajnerove oči se upiše u kalfino lice, radoznalije nego u ma čije ljudsko lice dosad. U tom gledanju njegove oči se izmeniše, dobiše tvrđi izraz, neku plavu,

51

prkosnu tvrdoću veoma napregnutog razmišljanja. Tako čvrsto stisnu zube, da mu na licu odskočiše dva mišića, koji su njegovom licu davali muževniji izraz. Od straha mu je treperilo celo telo, ali on je stajao pred lešom s novim strogim licem – kakvo će tek mnogo, mnogo kasnije morati da bude njegovo.

Renatin pogled usredsređen i turoban počivao je na voštanom licu – Fridolin je bio mračno zainteresovan kao da su mu pokazali nekakav strahoban i lep kuriozitet, neko šareno i groteskno vašarsko čudovište, od koga sad nije mogao da odvoji pogled.

Gospođica Konstantina je usrdno molila još jednom: „Hajde, dođite već jednom – sad ste ga videli" Tada deca konačno odvojiše oči od tog lica, koje ih je privlačilo i krenuše ćuteći kući.

Ali uveče Hajner dugo nije mogao da zaspi. Njime je ovladao strah, tako užasan, tako nesmirljiv, za takav dosad još nije znao. Nije to bio strah od duhova koji je uvek mogao da se pojavi u zimskim noćima, ono je bio strah površan i bez težine. Ovog puta to je bio strah od smrti, i još gore od toga: užasavajući strah koji se neće više ničim moći smiriti. Strah, radi toga što je sav život predodređen za smrt, i ove njegove ruke i lice i njegovo telo.

Kad bi zatvorio oči, nad njega bi se nadnelo lice pekarskog kalfe, ali sad bez poveza. Crna razjapljena usta su se smejala, bila su bolno otvorena u plaču, kuknjavi nad njegovim krevetom. Hajner je jecajući pitao sleđeno lice nad sobom: „Reci mi: Moram li i ja jednom umreti?" – I ta doveka razjapljena usta mu odgovoriše: „Može biti već noćas". Na to je Hajner bespomoćno kriknuo u svom krevetu.

Mama je nežno sedela pored njega, umirujuće mu je milovala ruku. Sad je mogao da plače. „Može se umreti svaki dan", pričao je mami, jecajući sav smućen, „svako od nas – onda možda već uskoro neće biti ljudi."

52

Ali mama, sedeći pored njega na stolici, teška, odvrati mirno: „Ali onda se zato rađaju stalno novi ljudi." Ona se nagnu nad svojim uplakanim sinom i odjednom je i njeno spokojno lice bilo obliveno suzama. Reče još jednom tiše, uzdrhtala od tajne: „Ali onda se zato rađaju stalno novi."

Sledećeg jutra saopšti Gaston svojoj sestri da će idućeg dana otputovati.

9.

Ubrzo pošto je jednopreg sa mamom i njenim lepim bratom napustio baštu, došla su deca na ideju da se igraju svadbe – već odavno nisu tako ozbiljno shvatili neku igru. Dok su sve četvoro ležali u travi i nisu znali o čemu bi razgovarali, nego lenjo čekali da nešto naiđe, neka fantastična pustolovina koja bi mogla da ih razdrma, reče Hajner iznenada: „Danas hoću da se oženim Renatom".

Na to se niko ne nasmeja. Renata veoma ozbiljno obori oči. „Ja još nisam dala svoj pristanak", reče prezrivo. Ali je Hajner umeo da je pridobije svojim osmehom: „Valjda nećeš reći 'ne'", reče ljubazno, „pa ti i onako nemaš nijednog drugog prosca". Na to Renata, naravno, nije imala šta da kaže. „Ja, naime, mislim da se i mama sad ponovo udala", reče Hajner posle male stanke, stidljivo i tišim glasom, nagnuvši se malo dublje nad travke s kojima se igrao. – Svi klimnuše glavom, čaki Lishen s izrazom da u to veruje, iako ništa ne razume.

Za četvrt sata trebalo je da počne slavlje, brižljivo su se pripremali za tu ceremoniju. Lishen, kao deveruša, trebalo je da se istovremeno pobrine za svečanu trpezu, koja je planirana da bude obilata. Od Afre je izmamila belo testo za kolače koje ona lepo umešeno rasporedi na staklene tanjiriće, zatim iseče jabuke na tanke kriške, između toga stavi pole zemičaka i tako aranžirano sve je izgledalo ukusno i privlačno. – Koga je trebalo da predstavlja Fridolin, ako ne sveštenika? Podmuklo i skrušeno, kao zli gospodin Veliki Inkvizitor on se uvi u svoju crnu kišnu kabanicu, od grančica veza i sklepa krst i tako je stajao čekajući svoje žrtve, bos i čudan na kuhinjskoj stolici koja je trebalo da predstavlja oltar.

A Renata se doterivala, odlučila je da obuče svoju belu lanenu prazničnu haljinu, a da to gospođica Konstantina ne primeti. Zadenula je nespretno i jedan veliki crveni cvet u kosu i tako sva sputana sišla u baštu, ali joj kosa pored svega ostade neočešljana, bila je mala, mršava, čupava nevesta. Njen mrgodan pogled i ćoškasti pokreti nisu ništa znali o sopstvenoj ljupkosti.

Mladoženja Hajner joj, blistajući od sreće, potrča u susret. Oči su mu blistale, ali usta su imala ozbiljan izraz – on joj veličanstvenim gestom ponudi ruku. Dostojanstveno su se kretali ka oltaru; sa staračkim, blagonaklonim dostojanstvom i sporošću pratio ih je prastari Luksi, a Lishen za njima, noseći ispred sebe svečanu trpezu kao crkvene sasude.

Stali su ispred sveštenika, ozarenog pogleda, digavši oči k njemu. On, pun tajanstvenosti, ogrnut svojom kabanicom, ispruži klimavi krst iznad njih, zaklinjući ih: Hoćete li istinski da stupite u brak? Vi znate da će vas patuljci razderati, ako jedno drugom budete neverni? Vi znate da će vas gospoda dželati staviti na muke. Hoćete li uvek i večno biti verni jedno drugom? Hiljadu godina? Sto hiljada godin? Beskrajne Poks-godine?

Hajner i Renata, oborene glave, rekoše tiho: „Da".

Bili su tako usredsređeni na sebe, s takvom pobožnošću udubljeni u svečani trenutak, da nisu čuli kako im se mama približila. Stajala je u žbunju iza njihovih leđa, sama sa još vlažnim očima posle rastanka. Prvo se smešila zbog dostojanstvenog ponašanja u toj dečjoj igri, zbog sveštenikovog grotesknog i oduženog blagoslova, dirljive smernosti mladenaca, ali uskoro na njenom licu duboka ozbiljnost zameni smešak.

Učini joj se da nikad nije tako videla svoju decu, još nikad nije tako shvatila njihova lica. Tako prejasno da je to skoro uplaši, ona u jednoj sekundi ugleda ceo budući život svoje dece. Sada su stajala ovde i obećavala jedno drugom uzajamnu vernost zauvek. Zaricali su se da jedno drugo neće nikad napustiti, gotovo kao da su već slutili da će možda kasnije biti preko potrebni jedan drugom. Sad su se još samouvereno zajedno i igrali i sad još veruju da će uvek moći ostati zajedno, uvek u svom krugu. Ali napolju ih čeka život, njih četvoro ga nije moglo zaobići. Da, on je sad možda bio teži nego ikad, zahtevao je nemilosrdno da umeju da ga podnose, da se s njim nose, da se s njim suoče. Život će ih ščepati u još gotovo dečjem uzrastu. Od samog početka neće biti ničeg pošteđeni: skoliće ih ogromnim radostima, opasnostima i žalostima. U početku bi mogli poverovati da je i to zabava i igrarija kao sve dosad. Ali uskoro će sve četvoro postati svesni da je život ozbiljan, doista krajnje ozbiljan, ma kako se zabavno ili patetično iskazivao.

No majka je znala da će oni umeti da se održe. Majka je znala da će biti hrabri, da će biti izloženi svim opasnostima, duboko uvučeni u sve teškoće, ali da će na kraju uvek imati dovoljno vedrine da se toga oslobode.

Kakva li će biti ta njena deca već posle kratkih petnaest godina? Kristijana ih je sve videla pred sobom.

Renata s teškom kosom, pod čijim teretom joj se savija glava, još uvek tako plašljiva i nepristupačna, povučena u sebe, energično se oslanjajući samo na sebe, odbojne veselosti, samostalna, sama, ali već mnogo puta pobeđena i ima slabost da se nečem požrtvovano preda – o tome su govorile njene tamne oči i lepa usta koja su postala mnogo mekša.

Iz Hajnerovog pogleda nestala je blistavost, ili su je možda prekrile mnoge koprene. Ali čelo je ostalo čisto. Na njegovo nevino čelo pala je kosa bez sjaja i proređena. To su bila usta njegove majke: prepoznala ih je u tom napaćenom dečačkom licu, svoja divna usta kojima se na neki strog način divio njen očarani suprug. Ali nisu li ovde, kod sina, imale neku opasniju mekotu? Ta usta sebi nisu ništa uskraćivala, ni sebi, ni drugima. Bile su to ženske usne pod muškim čelom, tako su se, bez ustezanja, davale životu. Da li se može pretpostaviti da će uskoro biti star i pokvaren, kad tako spremno, svom dušom, nudi životu svoja usta na poljubac? Izvesne naklonosti i nemarnosti delovale su uznemirujući i, budile zle slutnje. Ali, majka se ni za njega nije plašila.

Evo Fridolina, zaseban i pametan, vredan i pun neke čudne ambicije. Kud li on smera? Dokle će želeti da se uspne? Smijuljio se uznemirujuće i uz to trljao ruke. Okrenuo je svoje ružno lice od majke, kao da ima da sakrije mnoge planove i tajne. Ružnog hoda, ganutljiv i čvrst, kao usamljena zdepasta figura stupao je uzbrdo napornim putevima, sasvim na drugoj strani od svog brata, u drugom pravcu, ali mu ipak s vremena na vreme mangupski domahuje: znamo mi za naše srodstvo...

A sad Lishen; majka se smeška, jer u mislima vidi Lishen. Ona je veoma brzo stasala u mladu ženu, ko bi to pomislio. Može li se znati da li je srećna? Da li voli svoga muža? Ili pati pored njega? – Ona nikad nije mnogo govorila. Spremno nosi svoju jednostavnu sudbinu, dok joj braća i sestre idu opasnim putevima. Tako bi Kristijana mogla uskoro postati baka, već je videla zdravu decu svoje Lishen, kako se igraju u pesku.

Još nikad nije na taj način spoznala svoju decu. Kako će se brzo razviti. Sad svako od njih ide u susret svojoj sudbini, svojoj opasnosti, svojim nadama. Da li bi trebalo da se za njih plaši? – U ovom trenutku suviše je bila obuzeta *neminovnošću* svega onog što će im se desiti, da bi u njenom umu bilo mesta za brige.

Okrenula im je leđa i krenula polako kroz baštu.

Tih poslepodneva kasnog leta nije se u vrtu pomerao nijedan list. Spustiće se na tu klupu, nijedno mesto na svetu nije moglo biti tiše od ovog.

Ovakva prevelika jasnost bila je teško podnošljiva. Svaki list je stajao nepokretan, udubljen u svoj sopstveni život. Nikakva strast se ne pojavi da olakša i nešto zbriše, da unese nered i zbrku. Život se u ovom trenutku odigravao pred njom u nemilosrdnoj jasnoći. Želeo je da bude potvrđen ovakav kakav jeste. Raslo je četvoro dece koju je ona rodila. Četiri sudbine proizašle iz nje i dovršavaće se prema svom određenju. Peto dete je raslo u njenom krilu. U tome je stvar.

Nisu postojale dve vrste života, kao što je mislila u onoj opojnoj noći: miran i buran. Postojao je samo život koji je rastao u susret smrti.

Ona ga neće nikad shvatiti, niti ga je ikad iko shvatio. Nije ga gledala kritički, nije mu tražila smisao. Kako će njena deca još morati da se bore, da s njim izađu na kraj, da ostanu pobednici, da proniknu u njegove tajne. Ona je sedela u smernosti i samo osećala da se život događa.

Deca su u međuvremenu već prešla na svadbeni ručak. Lishen ih je uz naklon posluživala testom za kolače i kriškama jabuka. Sveštenik je jeo s uživanjem, kriveći lice. A mladenci su bili prisno zagrljeni.

10.

Došla je zima, jele su se, hladne i crne, ocrtavale ispred belih livada, ribnjak se zaledio, kod seljaka Cvikera mogli su se sankati na Afrinim nezgrapnim sankama.

Ali šta je to s mamom? Nije li svake nedelje bivala sve čudnija?

Sa strepnjom su je gledali kako se sve više izobličava. Tako je sad bila debela da je s naporom sitno koračala. Da li je tako nenormalno mnogo jela, kad toliko otiče i tako se menja? – Lice kao da je napeto, a pri tom blaženo od sreće. Smeši se i čudno radosno, i bolno. Ko da se tu snađe? Često ostaje danima u svojoj sobi, sedi debela i besposlena pored prozora i pevuši, a pogled joj je ozaren. Oči su joj uopšte lepše nego ikad i deca su prema svojoj teško pokretnoj mami osećala onu veliku, skoro postiđujuću nežnost, koju su sebi priznavali inače samo uveče u krevetu.

Ponekad je dolazio doktor Berman, koga su dobro poznavali, koji ih je više puta poslušao i kuckao, kad su bili nazebli ili imali groznicu. Energično je išao gore--dole stepenicama, imao je crne, brižno očetkane brkove, smejući se prao je ruke, koje onda mirišu sveže i muški. Sagnuo se nad decu, pritom mu je krv jurnula u glavu i žila na čelu nabrekla, šaleći se rekao je basom: „Jeste, jeste, mama ima pantljičaru", tako ih je grubo zadirkivao seoski lekar. Ali deca nisu u to verovala.

Gospođica Konstantina se prema mami ophodila s obazrivošću, ali kao malo povređena. Ponavljala je više puta da u toj kući više ne može ostati dama koja do sebe drži. Deci se obraćala često sažaljivo, skoro sentimentalno, a oni nisu shvatali zašto. „Vi jadna stvorenja", govorila bi prezrivo, ali ipak s blagošću i – nije im više tako često ometala igre. I kuvarica Afra je postala nerazumljiva, mnogo je upotrebljavala neke čudne izreke i često su se ona i gospođica Konstantina sašaptavale.

Kad bi se deca uveče okupila u sobi za igranje, u tihom razgovoru postajalo im je jasno da se dešava nešto važno. Samo da su znali šta! Kao da je to nešto nezgodno, a ipak su svi slutili da mora biti nešto lepo, uprkos gospođicine sažaljive blagosti i kuvaričinih sumnjivih viceva.

Uto uđe mama u sumračnu sobu, s naporom stade u okviru vrata, a četvoro zasenčenih očiju upiljilo se u nju. „O čemu razgovarate?" upita mama s onim bolnim i blaženim osmehom koji je ovih dana skoro uvek lebdeo na njenom licu. A dobro je znala o čemu deca govore.

Jedne noći začu se neka buka, deca su je napola čula u snu, a u stvari su je već odavno očekivala. Ono što se dugo tiho pripremalo, moralo je jedanput izbiti i stvarno se dogoditi. – Je l' to zazvonilo zvonce? Čini se neka kola? Čak im se učini da su čuli krike i kukanje.

Kad su ujutru ušli u trpezariju, zatekoše tamo jednu nepoznatu stariju gospođu u sestrinskoj odeći koja je sa zadovoljstvom pila kafu. „A, evo mališana", reče veselo, „jeste li već čuli da imate još jednu sestricu?"

Deca prvo ne shvatiše šta ona misli, sasvim su ubledela. Fridolin pomisli da mu se sad istinski prikazala veštica. Postarija gospođa se ružno nasmeja njihovom zaprepašćenju.

Na to priđe doktor Berman, bodar i dobro raspoložen. „Da, da, tetka roda je bila u poseti", objavi on gromko i pljesnu rukama, „mamu je valjano ujela za nogu, ali je zato donela jednu divnu sestricu".

Deca se sabiše jedno uz drugo, Lishen poče odjednom tiho da plače. Hajner reče samo: „Pa – pa, jesmo li sad petoro?" i s mukom se nasmeši. Ali nije bilo to ono što ih je uplašilo. Iz veće dubine je dolazila njihova potresenost i nepojmljiv strah.

Gospođica Konstantina se pokaza zlovoljna i povređena. „Jeste roda je bila u poseti", reče ona ozlojeđeno i tek da nešto kaže. „Dođite da vidite šta vam je donela". Kad su polazili, doktor Berman primeti, obraćajući joj se prigušenim glasom i značajnim pogledom u stranu: „Bio je to težak porođaj".

Deca zastadoše na vratima spavaće sobe, mama se smešila tako belo u belom krevetu. Doktor Berman se zadovoljno smejao. „Slobodno uđi, mala četo! pozivao ih je veselo.

Razrogačenih očiju priđoše bliže. Renata kao prva, nepoverljivo. Mama pruži njima svoju lepu ruku, ali čini se da je bila suviše slaba da podigne glavu. Ležala je tako mlitavo i sasvim ispružena kao da neće nikad više imati snage i volje da se uspravi.

Pored njenog kreveta ležalo je u korpi stvorenje zbog kojeg je toliko prepatila. Oni se sa strahopoštovanjem nagnuše da bi mogli nemo da osmotre njegova plačljiva bezuba ustašca, stisnute sitne pesničice. Haj-

59

ner prvi pomilova veoma pažljivo zgrčene ručice. Fridolin je bio zainteresovan i ozbiljan, Lishen uzmaknu kao da još uvek oseća strah.

A Renata se zagledala u malu sestru pogledom koji još nikad nisu kod nje videli. Lice joj se, kad ga je nadnela nad korpicu odjednom izmenilo, suočeno sa novorođenim detetom postalo je mekše i ženstvenije.

„Sad ćete da vidite", šalio se doktor Berman, koji je u dnu sobe prao ruke, „sad za vas više niko neće mariti. Sad će mala biti ljubimica."

Deca nisu učestvovala u njegovom smehu.

U Hajnerovim očima se iznenadno pojavi onaj plavi tvrdi izraz, koji je samo jednom ranije bio u njima. Sa ovim prkosom u očima nije se slagao nežan i zbunjeni smešak kojim se sve dublje naginjao nad sestricu.

Renata je međutim naglo pogledala očevu masku, koja je, bela na crnom somotu, svetlela iznad kreveta porodilje. Očevo lice bilo je nepromenjeno. Njegovo strogo čelo sanjara bilo je spokojno kao obično, u pogledu se nije mogla nazreti ni senka prekora, ni znak neke tuge. Renata dosad još uopšte nije znala da toliko mnogo voli očevo lice, toliko preko svake mere.

Onda Renatine oči opet nađoše put povratka majci, one su se prvi put susrele sa majčinim očima. Prvi put su se međusobno razumele.

Onda majka nanovo spusti glavu, nagnu se nad dete, nasmešivši se umorno, blaženo zatvorenih očiju. I prema korpici izgovori tiho, kao da detetu poverava neku tajnu:

„Ali ovog puta sam skoro umrla".

(1926.)

ŠALA S MASKAMA

Luda je na svoj uobičajen način čučala gore na ormanu. Očešljana tako da joj duga kosa potpuno prekriva lice, koje je, namazano crvenom, žutom i crnom šminkom, nekako skraćeno i debelo, sa obojenim bucmastim obrazima, potpuno ličilo na Budino nasmejano obličje i tako podavljenih nogu na svom ekstravagantnom postolju krivila se od bezumnog smeha, i isprekidanog daha mlatarala oko sebe crno namazanim rukama. Sve ih je obuzeo smeh, po ćoškovima, stolovima, otomanima, gde se behu smestili našminkani i šareno odeveni. Svetica je sa spretnošću koju niko od nje ne bi očekivao žonglirala žutim i crvenim loptama, valjda sa njih dvanaest odjednom, ukoliko je uopšte bilo moguće razlučiti ih i vrištala od smeha. Kosa joj beše od crvene like i činilo se da na njenoj glavi gori jarkim plamenom, kao raketa koja se ne može ugasiti, a ispod te vatre gledale su, duboke i zastrašujuće velike plavo osenčene oči sfinge. Zajedno s njom smejahu se i princ i prvosveštenik i glumica i mali grof. Samo je kralj, kruto isturenog šiljatog nosa, uredno očešljan na razdeljak, sedeo ozbiljan u naslonjači, nedodirljiv u svom dostojanstvu. Ni mladi Jevrejin se nije smejao već je, lep i tužan kao neka maska, stajao naslonjen na zid i žmureći posmatrao sveticu.

Glumica koja je imala zlatastosmeđe oči, i od koje se to najmanje moglo očekivati, tako je žestoko i iznenadno udarila otpozadi rame kelnera koji je upravo unosio flaše sa šampanjcem, a inače bio malo prikraćen od prirode, da njemu od užasa i samrtnog straha usta ostadoše razjapljena, a lice grozno izobličeno. Sveticu toliko oduševi taj prizor da je glumicu koja je urlala od smeha ujela za golo tamnoputo rame i pritom zatvorila svoje oči kao u sfinge. Izgledalo je da će se ludakinja, kojoj je kosa kao svilena zavesa visila ispred lica, ugušiti od smeha: mlatarala je crnim rukama kao neka zakržljala ptica koja hoće da poleti a ne može. Mladi Jevrejin je posmatrao sveticu koja se upila u rame glumice, dok se smejala, i on se cerio. Čak se i prvosveštenik koji je nepomično ležao na zemlji, pokriven do brade crnim somotskim prekrivačem, čije je neizrecivo plemenito lice bilo kao izrezano od drveta, bilo spokojno okrenuto prema lampi, čak se i on veselo smejuljio. Samo je mali grof, šćućuren ispod sofe u svojoj plavobeloj jaknici od pidžame, iz dubokog saosećanja s kelnerom čije se lice sasvim rasturilo od užasa, izvodio neke sitne besmislene pokrete rukom. A kralj ništa od svega toga nije razumeo. Držao je dignut svoj nos kao neku svetinju i ljutio se što svetica još uvek upija svoja usta u glumičino rame, a ova se za to vreme zabavlja s prvosveštenikom, što mu se činilo posebno frivolnim.

Princ, naslonjen na zid, plesački-koketno prekrštenih nogu, pričao je o svojoj sudbini na što niko nije obraćao pažnju sem malog grofa koji ga je svojim pametnim ružičastim licem bodrio klimajući glavom ispod sofe, i uz to se prevejano smeškao. „Eto, kakav sam,“ reče princ, „ohol kao neka vojvotkinja, miran kao gorsko jezero, melanholičan kao ukleta princeza i pohotan kao mlada kurva.“ Sofisticirano se osmehivao mali grof, a kralj ozlojeđeno vrteo glavom koja je sa crnom šiljatom bradicom i napomađenim razdeljkom delovala neprijatno moderno iznad te detinjaste kićenosti ogrtača. A prvosveštenik ispruži ispod pokrivača svoju dugu hladnu ruku prema princu i ovaj je bez reči poljubi vrelim usnama.

Kad negde napolju odjeknu zvono na molitvu, odvoji svetica usta sa preplanulog ramena i u mraku u kome se njeno ovalno sedefasto lice belasalo kao lice madone, tiho poče da kazuje litanije.

Mali grof kome je to bilo mučno, za to vreme je džepnim češljićem doterivao svoju retku kosu, a glumica zamoli princa tihim dubokim glasom za malo bademovog krema da namaže onu prilično gadnu ranu koju joj je zadala svetica.

Ludakinja utom, kao da joj molitva svetice daje snagu, zaleprša crna i pokrivena velom po sobi, pa napolje kroz prozor i u baštu, u zimski dan, gde je čučeći na nekom ogolelom drvetu, valjda nastavila da se smeje. Niko više uostalom na to nije obraćao pažnju. Samo bi prvosveštenik na trenutke sasvim čvrsto zatvorio oči, kad bi ona, leteći demon, zalepršala nad njim. A možda je svetica koja je nepokretno stajala u mraku, pobožno priklonivši oval svoga lica, tada malo ubrzanije mrmljala svoje molitve.

Kralj koji je celo to ludovanje smatrao dosadnim i besmislenim, diže se i krenu da se kod kuće bavi svojim poslom.

1924.

DŽIMIETO

.

U sunčano jesenje popodne kad je nebo svetloplavo i prozirno kao staklo okupe se stare žene da popričaju u dvorištu velike najamne kuće, gde je dvorište istovremeno i mala bašta. Ono nije kao što su nažalost često druga dvorišta koja su namerno popločana – neprijatna i siva – tako da se čovek u njima nerado zadržava. Zatvoreno je doduše sa sve četiri strane zidovima kuća, ali te kuće zapravo nisu ružne, jer su žućkasto obojene. U dvorištu se nalazi okrugli zeleni travnjak, brižljivo uokviren belim kamenjem. Usred travnjaka raste neka vrsta male jele, malecke kao detence među visokim zidovima.

Starice stoje u grupama uvek tako dugo i čavrljaju. Niko spolja ne prodire u njihov pogureni skup, niko, dakle, nikad ne može saznati šta jedna drugoj pričaju. Jesu li to prisna mladalačka sećanja koja međusobno razmenjuju, ili zajednički pretresaju svakodnevne spletke? Meni se skoro čini da su im reči odavno postale sasvim beznačajne – one im samo onako uzgred i sasvim slučajno teku iz upalih usta, isto tako bi mogle da stoje u dubokom ćutanju, ili da nasumce nešto mrmljaju u svoje marame kojima su ogrnute. Preko ruke nose od vremena izanđale korpe za pijacu kojima su se verovatno služile kad su još bile okretne kuvarice. Ali sad su korpe prazne – nemaju više nikakvu praktičnu obavezu – sad su samo još poštovane igračke.

Na prozoru prvog sprata stoji punačka mlada gospođa i smešeći se ljulja svoju u ružičasto povijenu bebu. Iza nje, u polumračnoj sobi sedi njen muž, po zanimanju psihijatar i nestrpljivo barata pečatom i pečatnim voskom. Stan u kome se nalazi solidno je opremljen – a vazduh veoma težak od duvanskog dima. Mlada žena zbog toga više voli da kraj otvorenog prozora uživa u tihom poslepodnevu. Onda pomalo i ćaska sa jednom neobično zgodnom sobaricom koja se pojavljuje preko puta sa peruškom u ruci. Ova ponizno, ali ipak veselo, vodi razgovor sa nepoznatom milostivom gospođom. To gospođu pomalo zabavlja i uvek se uz osmeh raspituje kako joj je verenik. Naravno ako čuje da se dr Punktman nakašljava, ona na trenutak zatvara oči kao da ju je snašla neka mala fizička nelagoda. Ali se sa skoro preteranom razdraganošću ponovo obraća ovoj prijateljici koja je po socijalnom položaju toliko daleko ispod nje.

Na trećem spratu sede kraj otvorenog prozora jedan do drugog, bez reči, dvojica vrlo tamnoputih mladića. To su došljaci iz daleka, koji ovde borave kao studenti. Priča se da su iz Egipta. Oni po ceo dan leže u krevetu, a kad ustanu, preko spavaćih košulja navuku teške kapute od sukna. Kao stranci, sede jedan uz drugog i sporo im luta pogled tamnih očiju.

Jedna od prastarih žena dobacuje Egipćanima nešto šaljivo. Glas joj je kevtav, pa izgleda kao da hoće da grdi, ali ona nije kriva što joj je glas takav. Ona misli najbolje i smeje se svojim bezubim ustima. Naravno da je ta dvojica ne mogu razumeti, ni jedno slovce, ali se ipak smeškaju oborenih očiju i zbunjeni. Sad sve starice dižu pogled prema njima – smejući se krive glave. Tek pošto joj je tako skrenuta pažnja da ona dvojica tamo postoje, i mlada žena iskazuje svoju koketnu zainteresovanost, smešeći se ljuljuška dete, pružajući ga u tom pravcu kao da im to ružičasto povijeno stvorenje, ne baš privlačnog mirisa, nudi na poklon. I sobarica želi da se dopadne, diže ramena kao da joj je hladno i pući usta da budu mala i kao trešnja.

Obasuti tolikim vedrim izlivima dvojica prijatelja sede bespomoćno i ne snalazeći se, tesno pripijeni jedan uz drugog.

Onda neko svira klavir, što malo odvlači pažnju. Gromki tonovi uz upotrebu pedala razležu se sa jednog prozora zastrtog žutim zavesama. Gospođi koja svira potrebna je zamračenost. – Ne baš sasvim tačno, ali privlačno svirane melodije kliktavo ispunjavaju dvorište. – Svirkom primamljena pojavljuju se u okviru prozora više lica. – Stariji gospodin sa sedim brčićima, kostobolan, ali dobro raspoložen, smijulji se i klimanjem glave prati bučno talasanje zvukova. – Mladi glumac u svetlozelenom kućnom kaputiću uskih ramena, pojavljuje se na prozoru s cigaretom u ruci, ljupko okrenute glave u profilu govori izrazitim i uvežbanim glasom nešto prema sobi. – Jedna mlada devojka, Jevrejka, ometena u svom radu, još joj je držalje u ruci, ljutito skuplja obrve i ima durljiv nos. Ali pošto je primetila glumca, prema kome, i pored svoje intelektualne nadmoći, gaji neku slabost, odustaje od nabusitosti i glasom koji se topi od ljubaznosti pita ga preko dvorišta kako je. A on je zove „gospođice Konstanca" i smeje se tako da mu se vide zeleni zubi. – U međuvremenu pletu se niti između nasmešenog majora i kaćiperne sobarice. Starom gospodinu nikad dosta namigivanja, pozdravljanja i nežnih kretnji – a ona, prerafinirana, tobož o tome neće ništa da zna i sve s velikom sramežljivošću odbija od sebe. – Kao staklena nit ispreda se nežna ljubavna igra od jednog prozora ka drugom.

Ali u tom trenutku se dešava to da Džimieto pretrčava preko dvorišta. To je mali Italijan kome je otprilike trinaest godina. Obučen je u plavo matrosko odelo i tera ispred sebe crven obruč. Zvonkim, isprekidanim glasom dovikuje nešto. Pola italijanski – pola nemački – niko ga potpuno ne razume. Oni samo osećaju kako se njegov glas, ta malo opora, a umilna fanfara, uzdiže pored njih u visine. Svi se naginju napred da bi mogli dole da vide dečaka. Stranci, Egipćani, iznenada su se uhvatili za ruke. Za sve njih je ovo trenutak sreće, da posmatraju te pokrete, kako on trči preko travnjaka, njegovu tananu pojavu u plavom odelu na zelenoj površini – i kako smešeći se krivi lice zato što ga sunce zaslepljuje – i kako su mu kolena gola i mrka.

Pošto je on otišao, svaki razgovor je za neko vreme zamro. Taknuti nečim što do njih retko kad dopre, svi su zurili onamo gde se izgubio njegov glas.

Onda starice opet počeše da čavrljaju. Kako su potpuno besmisleno tekle reči sa njihovih upalih usana. Ali ipak se iz onog što su mrmljajući jedna drugoj govorile povremeno mogao razabrati nežan odjek njegovog imena: „Džimieto...“

Gospođica Konstanca se slatkim glasom izvinila – mora da se povuče u sobu, zovu je – šta da se radi? – studije matematike. Mladi glumac se nasmejao, ramena su mu bila prekomerno mršava.

Niko nije primetio kad su i dvojica Egipćana nestala u sobi.

Decembra 1924.

LUDVIH COFKE

Desilo se da ga je gospođica Lolo upoznala pod dosta običnim okolnostima. Kad je posle predstave krenula da izađe iz pozorišta, sačekao ju je na izlazu za glumce jedan poznanik i predstavio joj prilično zdepastog gospodina koji se u teškom tamnokariranom zimskom kaputu malo previše duboko naklonio i, dok je širokim gestom skidao svoj meki mrki šešir, zagledao joj se odozdo u lice tamnim vrelim pogledom. – Gospođica Lolo, zabivši ruke duboko u džepove svoje sive krznene jakne, stala je i naslonila se, cifrasto i zmijasto izvijena, na zid i gledala ga izazivački ispod na čelo nabijenog somotskog šešira boje maline. „Ovo je Ludvih Cofke", reče poznanik, „koji je naslikao Džošuu". Gospođica Lolo samo pomisli: Izuzetno je nesimpatičan. Zato podrugljivo iskrivi usta i reče: „Ah!"

Svetlost gasnog fenjera, koji je pored glumačkih izlaza kloparao na vetru, osvetljavala je u naletima lice gospodina Cofkea. Njemu se u uglovima usana pojavi trzaj i on reče nešto vrlo oštro naglašeno, nešto što je po svojoj objektivnosti i ledenoj preciznosti prosto podrhtavalo i vibriralo. Izgledao je veoma jevrejski sa punim i tamnocrvenim usnama, pomalo mesnatim nosom, nenegovanom crnom kosom koja mu je na čelu izrastala na neobičan ćoškast način i sa raspusnom snagom žudnje u očima.

Poznanik se oprosti od njih i gospodin Cofke uz trzaj usnama, zamoli gospođicu Lolo za dozvolu da je otprati u obližnju pozorišnu kafanu. Ona je još uvek stajala naslonjena na zid, gledala ga mirno, kao da du-

68

boko razmišlja, svojim zelenkastim očima životinje i pošto nije skidao s nje tamni žar svog pogleda, prihvati bez reči njegovu ruku i pođe s njim. Zasmeta joj doduše što on nasred ulice poče da peva jakim, a u dubokim tonovima drhtavim glasom italijanske arije. Nije volela ni što joj tako opširno priča o uspesima svojih slika na izložbi u Berlinu. „Kolosalne ovacije", reče on uz širok pokret u tom svom zimskom kaputu. – Ali šta je to izazvalo drhtanje u celom njenom telu kad je on pogleda?

Sedeli su jedno naspram drugog u bučnoj pozorišnoj kafani. Lolo, razvukavši u osmeh jarko našminkana usta, pozdravljala je klimanjem glave poznanike, bacajući istovremeno oštre i izazivačke poglede ispod šešira i smejući se pokazivala je svetu svoje vitke noge u crnim svilenim čarapama. Pili su čaj iz debelih šolja i gospodin Cofke je usred te bučne muzike, neprijatno prigušenim glasom pričao o sebi, o svetu i šta je u tom svetu doživeo. Pričao je o ljudima, o mnogim, mnogim osobama koje je voleo, koje su ga napuštale da bi se posle našao još usamljeniji, u još većoj hladnoći. „Ali kako su svi bili lepi", reče on i nekoliko sekundi čvrsto zatvori oči. Lolo poče da sluša. Primirivši se, položi ruke u krilo i nagnu svoj veliki belo napuderisani kukasti nos. Zelenkaste oči kao da postadoše mnogo tamnije i smirenije. Mislila je samo jedno: napuštaju ga svi, ne mogu da ga podnesu i beže. I on ostaje usamljen. – I odjednom pomisli: Ali ja ću s njim ostati. Možda mu mogu pomoći. – A negde, sasvim potajno, duboko u njoj zazvučalo je tiho: Možda će – on – pomoći meni.

Ali kad se on odjednom malo bliže nagnu k njoj i upita je: „A vi, milostiva gospođice? Čime se vi bavite?" Tada ona samo slegnu ramenima i nasmeja se kratko tim ustima koja su kao oštra i opaka pukotina zjapile na njenom licu i reče: „Pa-eto", dok je desnom nogom u šiljatoj lakovanoj cipeli činila pokret kao da hoće da odgurne neku prljavštinu.

Gospodin Cofke se diže da pozdravi dvojicu poznanika koji su prišli stolu. Bio je to jedan lignjast, pretera-

no elegantan gospodin s monoklom koji je svojim rib-
ljim ustima u prazno brbljao bečkim dijalektom, u prat-
nji nekog zapuštenog izrazito smeđeg mladića. Gospodin
Cofke se nakloni, sav utegnut u svoje tamno pomalo tesno
večernje odelo, inače sasvim korektnog kroja i sa trza-
jem na usnama predstavi gospođicu Lolo. „Čuvena go-
spođica Lolo", reče on, a nju nešto steže u grlu i nije
znala da li je to što joj se odjednom popelo do grla bilo
gađenje, ili jecaj. Stisnutih zuba i ne dižući pogled pru-
ži ruku mekušastom gospodinu od koga se nametljivo
širio miris osrednje vrste parfema.

„Kako su neprijatni bili", reče ona, kad se udaljiše.
A gospodin Cofke joj uzvrati mirno: „To su dva veoma
ljubazna gospodina i obojica se kreću samo u najboljim
krugovima". Ona mu ne odgovori. Gledala je u zemlju i
samo s vremena na vreme dobacivala mu kratke pogle-
de očima koje sad opet behu zelenkaste, pune razdraže-
nosti i otrova. Nemoguće je, mislila je, iskrivivši usta
od gađenja, nikakav soj, nema u prstima osećaj za ni-
janse – kakav je neotesan i bez stila. I reši da, čim bude
moguće, ustane i pozdravi se s njim.

Ali kad je on zamoli da pođu u njegov stan, zato što
želi da joj pokaže crteže, ona se samo kratko nasmeja i
pođe s njim.

Vrata im otvori stara služavka. Sva zgrbljena, siva i
takoreći u dronjcima, lampom im je osvetljavala mra-
čan hodnik, dok joj se gospodin Cofke obraćao zvanič-
no, s vibriranjem u glasu: Ima li pošte, pitao je, a nije
skidao očiju s Lolo, da li bi mogla da im spremi čaj.
Zatim s lakim naklonom otvori vrata ka svojoj sobi.

Stan je bio sasvim bezličan, ne izrazito ružan. Na-
meštaj je bio presvučen crvenim somotom, krevet od
mrkog mahagonija. Ispod kreveta se nalazio noćni sud.
Na jednoj stolici ležala je prljava košulja.

Lolo, pošto je skinula krznenu jaknu, šćućurila se, u
svojoj uskoj kariranoj sportskoj suknji i do grla zako-
pčanoj bluzi, na velikom otomanu i pušila.

Zaključila je da u ovoj sobi nije dobar vazduh. Mirisalo je na nošeno rublje i stari duvanski dim. Ona zatvori oči da ne bi morala da gleda kako gospodin Cofke brzo sklanja onu prljavu košulju. – Bez reči je sedela i gledala crteže koji su neuredno ležali po stolu i stolicama. Bile su to bez lakoće nabačene studije tela; naga telesa koja se rvu, razmahana i patetična u pokretu.

Samo jedna misao vrtela joj se u glavi: – Ako navali, vrištaću. Nije skidao očiju s nje. Kao da su se zarivale u nju, kao neki tajanstveni oganj bez plamena.

Sasvim hrapavim glasom on prekinu tišinu: „Zašto imate tako lepe noge? Imate noge koje celog života ne bi trebalo ništa drugo da rade nego da njima mašete nad belim medveđim krznom. Kako su vam vitke noge..."

Bez odgovora gledala je preda se a crveno našminkana usta su joj zadrhtavala. „Zašto ste tako lepi?" reče on, a glas mu je zvučao kao da u sebi na mučan način nešto prigušuje da bi onda svom silinom provalio u orkan.

Kad se na nju bacio, ona s vriskom ustuknu, pojuri sasvim raščupane kose po sobi vičući samo: „Ne – ne..." Ali on je ščepa i baci na tepih i ljubio je tako silno da ona kao iz neke velike dubine, u neizrecivo slatkom bolu kriknu. Zatvorila je oči i dok je raspomamljenost njegovog tela besnela po njoj, samo je mislila: Ja ću ostati s njim. I priljubivši mu se uz usta šaputala je drhteći celim telom, sklopljenih očiju: „Tako sam usamljena – da li bi hteo da mi pomogneš?" Ali on je vikao, s pogledom kao oslepelim od čulnosti i požude ne slušajući je: „Tako si lepa, toliko te volim..." Nad čelom mu je tamna i zamršena kosa štrčala kao crna nečista kruna.

U toj loše provetrenoj sobi podala mu se sasvim i duboko, duboko u sebi uzvraćala mu je osmehom kad bi od njegovih ludih ujeda grgutavo kliktala.

Prljavu košulju je sklonio što je brže mogao.

Kako su cičali.

Kad se ujutru spremala da pođe, on je još ležao u krevetu, umoran. Spavao je u dnevnoj košulji jake plave boje i dobro mu je pristajala. Sanjivim očima pratio je kako navlači svilene svetlucave čarape.

Pričala je o sebi – kako joj je teško i u kakvoj je nevolji često bivala. „Da", rekla je, češljajući slepljene pramenove svoje kratke kose njegovim ne baš čistim češljem: „često je bivalo baš teško. – Istrčala bih na ulicu, znaš, jer više nisam mogla da izdržim tako sama i dozvoljavala da zapodenu sa mnom razgovor. Do tada nisam ni slutila kako užasni mogu biti muškarci". Ali on je, izgleda, nije slušao. Sasvim neočekivano i opet na sekund zatvorivši oči, reče: „Imao sam jednog sedamnaestogodišnjeg momka iz radničkog sveta. – O, kako je lep bio". Ona mu ne odgovori. Stajala je okrenuta od njega pred umivaonikom. A on se protezao u krevetu i iznenada uzviknuo: „Da, da – tako nas dakle večito bolno privlači svaka materija". I pritom zatrese svoju crnu razbarušenu kosu. – Ona se okrenu da pođe. Uporno je opominjao da na stepeništu ne pravi buku kako mu stanari ne bi prigovarali. Samo mu je dobacila svetao zelen pogled i stisnula zube.

Ali šta ju je nagnalo da, kad je već bila na vratima, potrči još jednom k njemu do kreveta i da mu, nagnuta nad njim, bez reči, bez ijednog glasa, poljubi ruku.

Ležao je prazan i usamljen u svom krevetu, oko njega je na podu neuredno razbacana ležala odeća, pantalone, žaket, neočišćene polučizme. A ona je ubrzo i nemo dotrčala k njemu i sa tim svojim ustima, koja kao da su bila stvorena samo da ujedaju i viču, sasvim nežno mu je poljubila ruku. Dok je tako nagnuta nad njim stajala, on odjednom, izgledalo je da ni sam ne zna zašto, upita: „A je li ti majka još živa?" Nije mu odgovorila. Okrenula je glavu ustranu i on nije znao da li ona plače, ili je to bio samo smešak. Onda ona iziđe ćutke, ne pogledavši ga više.

Posećivala ga je često. Pili su čaj zajedno i pričali i pričali i pušili bezbroj cigareta. A između toga on bi svu raspomamljenost svoga tela sruči na nju, a ona je drhteći, zatvorenih očiju, prihvatala ove sve žešće, sve neizmernije provale te divlje strasti. Jer želela je da se kod njega odmori, želela je da on sasvim pripada njoj i ona njemu. – Toliko je pre toga bivala sama i bacala okolo izazivačke poglede svojim svetlozelenim očima. Tako se radovala što on postoji.

Istina, uskoro su počeli jedno drugom da zadaju bol. On joj je pričao koliko mu sveta dolazi, žena, devojaka i mladih momaka, kako ih privuče k sebi i kako su lepi. I nije znao da ona pati. Sedela je tu kod njega sa duboko natučenim šeširom boje maline i uzvraćala mu pakostima, a pokretom noge kao da je odgurivala neku prljavštinu. „Ali ne mogu kod tebe dugo da izdrže, svi ti lepotani, a ja znam i zašto!" uzviknula je s pakosnim trijumfom. Onda bi se dešavalo da je spopadne prava razjarenost, koliko je bila besna. Ustima koja su bila crvena poput opake rane, sva raščupana derala bi se na njega: „Šta hoćeš od mene? Šta te se ja tičem? Za tebe je svaki mangup sa ulice bolji – ti me ne razumeš, pojma nemaš o meni – fuj, kakav si neotesan i bez instinkta". „Fuj!", urlala je i u besu bacala jastuke na pod. – Ali on joj je odgovarao neprijatno utišanim glasom, s trzajem na usnama: „Pa – šta? Oni su i pristojniji, ti proleterski momci, mnogo pristojniji i svežije izgledaju nego ti sa svojom histerijom!" – A između toga bacao bi se na nju – i u silnom rvanju – nastojali su da budu jedno dok su se u neprovetrenoj sobi valjali po tepihu.

Ponekad im je dakako bilo lepo. U jasne zimske sunčane dane išli su u park da prošetaju i zajedno su uživali gledajući kako sunce svetluca na snegu. On u svom tamnokariranom zimskom kaputu i mekom mrkom šeširu od srca se smejao kad je ona, bacajući poglede ispod svog šešira boje maline, koketirala sa svom gospodom koja prođu. A onda su zajedno večeravali u bučnim lokalima i on je s njom plesao, uzmerivši na nju tamni žar svojih očiju, njihao se snažno i sladostrasno u zanosećem i rafiniranom ritmu muzike, pomalo nezgrapan u pokretima i s trzajem na usnama. Imala je dugu tesno pripijenu haljinu od crne svile i kožne rukavice do iznad lakata i u plesu se sasvim priljubila uz njega i zatvorila oči.

Kako se za njega borila. Savladavala je gađenja kako bi se on, stegnut u svoje tamno odelo, klanjao pred gospodom koja se kreću u boljim krugovima. Ćutke se mirila da joj s brižnom trezvenošću, nemajući pojma o tome, drži mala predavanja o njenoj histeriji, pod izgovorom da hoće da je vaspitava. A ona je, međutim, znala da je to laž kad on izigrava da se trudi oko vaspitanja njenog karaktera. Šta je njemu uopšte stalo do njenog karaktera? I do njenog vaspitanja? Ta on je bio tako bezgranično egoističan, opsednut sobom, tim divljim, neobuzdavanim intenzitetom svoga bića. Ali otrpela je. Jer, jednom u mrkloj noći priljubivši mu se uz usta prošaptala je: „Tako sam usamljena – da li bi hteo da mi pomogneš?" Pa, ona ga je volela.

A ipak malo-pomalo shvati kako s njim stoje stvari. Shvatila je da on jeste grdosija, ali da nije velik. On besumnje privlači ljude, ali ne poseduje snagu da ih zadrži i tako mu prosto iskliznu, ostavljajući ga praznim i usamljenim. U njemu je možda postojala čežnja i dubina, ali je nedostajala ona moć. Shvatila je da je to bilo uzaludno, kad je, ljubeći ga vapila za pomoć. On joj nije mogao pomoći.

Dakle, moralo je biti tako: da posežu jedno za drugim i u silnom rvanju i muci nastoje da budu jedno, ali da se ne nađu. Moralo se dakle putem krenuti sam.

I pošto ga nije smela voleti, počela je da ga mrzi. Njoj se činilo da je on prisiljava na to da ga prezire. Kakav je bedan ponekad, kako nemoguć. Plašljivim glasom moli je da ne pravi buku na stepeništu da mu stanari ne bi prigovarali. Takva kukavica. Kad bi u nekom lokalu htela da našminka usne, on bi je tiho preklinjao: „Lolo! Nemoj se ipak tu šminkati! Molim te – šta će ljudi pomisliti!" A posle je čula da je negde ogovara, pred stranim svetom. Pred onim lignjastim gospodinom, koji je svojim ribljim ustima brbljao u prazno bečkim dijalektom, izrazio se prezrivo: „Znate, ona je ko-

kota i u društvenom pogledu ne dolazi u obzir. Jednostavno mi se prikačila". Tako je niska bila njegova osveta za ono što su jedno uz drugo propatili.

U nekim trenucima Lolo je mislila: Šta me se tiče taj čovek? Zašto sam se s njim upuštala? Bože, kako me za njega nije briga, pomislila bi, kako beskrajno nezanimljivo može da bude ovo divlje i proletarizovano stvorenje!

Onda bi potražila druge kavalire i na ulici prolazila pored njega pod ruku s nekim oficirom, smejala se i zagledala ga svetlozelenim očima. Neka, nek se jedi. – Pa je, kriveći u grču usta, pričala oficiru: „Vidite, ovaj gospodin ovde mora brzo da sklanja prljave košulje kad mu dame dođu u posetu". Uz smeh, izvijajući se, hvatala je oficira pod ruku, dok je on učtivo i pomalo začuđeno slušao.

Ali uveče, pošto bi kavaliri otišli, sedela je u svojoj uskoj crnoj večernjoj haljini pred ogledalom sasvim sama. Posmatrala je svoje lice kako joj se, onako namazano i sablasno, na staklu smeje, lice s velikim napuderisanim nosom, crvenim tankim usnama i razbarušenom kosom. Na vratu se još videla belega gde ju je poljubio. Ljubio je tada tako silno da je ona, zatvorivši oči, kao iz neke velike dubine grgoljeći uzviknula. Poljubio je do krvi. – Satima je sedela tako, nepokretna.

Kad je jedne veoma tople, olujne večeri silazila periferijskom ulicom, opazi ga iznenada kako joj ide u susret. O ruku mu se obesila neka možda četrnaestogodišnja uličarka, koja je smejući se dizala pogled k njemu, a oko pokvarenog dečjeg lica neuredno je visila crna kosa. Kad su, ne primetivši Lolo, već prišli sasvim blizu, zastadoše pod svetlošću jednog fenjera. On zgrabi devojku, savi joj glavu unatrag i poljubi je. Dok je kloparava gasna svetiljka u treptajima osvetljavala njegovo tamno, razriveno lice, on je takvom silinom ljubio devojku, da je ona samo kratko i ushićeno uzdahnula. Zubima se upio u njena usta, a ruke mu pipajući pođoše niz njeno telo, oči kao da mu behu oslepele od divlje požude.

Lolo je stajala u mraku. Znala je da on ovo stvorenje sada, u ovom trenutku, voli isto onako snažno kao što je voleo nju u njihovim najvrelijim noćima.

Topli prolećni vetar je u jakim, brzim naletima jurio niz ulicu. Da ne bi viknula, Lolo toliko stisnu zube da su zaškrgutali.

Istog dana, kasno uveče, Lolo se pojavi kod Ludviga Cofkea. Ogrnuta crnom svilenom večernjom pelerinom ispod koje kao da je nešto krila. Oči su joj bile naročito jasno zelene, bila je visprena i zastrašujuće dobro raspoložena. Pevušeći neku nepristojnu kabaretsku pesmicu izvijala se izazivački dok se crna svila njene pelerine pripijala uz telo. Kukast nos je tako jako napuderisala da je na licu štrčao kao neki beli beživotni šiljak, a na oba obraza nabacila je dve crvene mrlje.

Cofke je posmatrao sa polovičnim osmehom, primetivši u šali: „Kako si dobro raspoložena danas, draga moja.“ Ona ne reče ništa, samo uzvrati sasvim čvrstim pogledom i prodornim, drskim izrazom očiju. Ali kao da su te oči tamnele, zeleno je na neobičan način prelazilo u crno i ona odjednom obori glavu i stade kao ukopana, tesno uvijena u svoj crni ogrtač.

On je još uvek posmatrao. Pogledi mu se zadržaše na njenim ustima. Pogledi su milovali njene paževske noge u crnim svilenim čarapama. Kad je polako prišao da je zagrli, kad je savio ruku oko ramena s namerom da je obori na krevet, ona se ne pomače. Ali odjednom ne pogledavši ga, gurnu ga takvom žestinom da se on uz mukli uzvik staha zatetura prema stolu. A ona mršava i sva drhteći stade, naslonivši se na njegov krevet, i nad crveno našminkanim mrljama njenih obraza plamtele su oči kao dva zelena plamena. I dok se on, još napola ošamućen, grčevito držao za sto, izlete neočekivano njena ruka ispod crne pelerine i zamahnu onim što je držala skriveno, pa zabacivši glavu sasvim unatrag i sa tako prodornim krikom da su prozorska stakla zazvečala, zavitla dugi crni, upleteni bič kroz vazduh. Siktavo se zalete bič i ona ga udari po licu, popreko preko celog lica tako da je zaurlao i kukavički se sa podignutim rukama zgrčio na tepihu. Sad više nije vikala. Činilo se kao da joj je iz lica, iz tela iščileo život, kao da se sva energija, svaka kretnja koja je u njoj postojala koncentrisala u tu ruku kojom je stalno vitlala bičem kroz vazduh i obrušavala se na njega. Bičevala mu je potiljak koji je kukavički pognuo, bičevala mu ruke, celo njegovo telo. Činilo joj se da nikad neće moći da prestane da ga udara, oseti strah pri pomisli da jednom neće smeti tako tu stajati, u toj sobi, kod tog kreveta i udarati ga. – Tek kad joj se ruka toliko zamorila da je zabolela, baci bič daleko od sebe, u jedan ugao, i istrča napolje pokrivši lice rukama.

Gospodin Cofke je zgrčen ležao na tepihu i krv se u tamnim prugama slivala niz njegovo lice.

I kad je već došlo jutro, Lolo je, još uvek budna, sedela sasvim nepomično i kao skamenjena i sad je osećala samo tu jedinu želju: da još jednom čuje njegov glas. Možda će se sve srediti, pomisli. Sedela potpuno nepomično s licem koje je bilo kao nafrakana nesuvisla maska, u svojoj sobi, i imala samo jednu misao: „Kad budem čula njegov glas, možda će sve opet biti dobro". I onda odjednom pomisli da ga zove telefonom. Samo da čuje njegov glas, i polako, kao u snu pođe do aparata. Okrenu njegov broj. Stajala je zatvorenih očiju, grčevito pritisnuvši slušalicu na uho i čekala dok joj je telom sve do peta strujala drhtavica. Bio je on – javio se. – „Ovde Cofke." Glas mu je bio hrapav i promukao. Sad on stoji u svojoj neraspremljenoj sobi pokraj aparata, sa onim svojim požudnim očima i možda mu se preko lica pružila krvava brazgotina. Pomislila je da će joj glas otkazati. Ali progovorila je u aparat sasvim jasno sa smeškom na usnama. „Samo sam htela da te pitam kako si spavao", reče, „i da ti poželim dobro jutro." – Ali je on prekide i reče sasvim osorno i kratko. „Što me uznemiravate već u ovo doba i svojom zvonjavom pravite uzbunu po kući? Znate li da su mi juče stigle pritužbe od gazde zato što ste kod mene napravili tako strašnu buku? Poštedite me ubuduće svoje nametljivosti."

Slušalica joj skliznu iz ruke. Sva ukočena nasloni se na zid. Glava joj klonu i teška kosa pade po čelu i prekri joj oči. Ali ona kao da u tom trenutku iznenada sve shvati, bi joj jasno kako stvar stoji s njom, s njim, i kako je sve ovo moralo da se desi.

Tu je bio on, divalj i usamljen, osećao je možda čežnju, ali nije imao snage. – A tu je bila ona. – A nisu mogli da priđu jedno drugom, *jer Bog to nije hteo.*

Osećala je da je hvata san. Polako je skliznula niz zid i teško pala na pod. Htela je još da sklopi ruke kao u molitvi, ali one se preumorne opustiše. Niz našminkano lice slivale su se tople suze.

(1924.)

SONJA

Mala bašta uz gostionicu bila je sad, u proleće, veoma dobro posećena. Marta, služavka, nije mogla sama da opsluži veliki broj gostiju, pa je i Sonja morala da se prihvati posla, pošto je njen otac, neuposlen i čudnovat, kakav je vremenom postao, sedeo nepomično i nezainteresovano u stražnjoj sobi. Nasmejana i vitka provlačila se između mnogih drvenih stolova, obučena koa kelnerica. Na jednostavnu tamnu haljinu stavila je belu gotovo koketnu kecelju. Okrećući usput glavu dobacivala je sitne šale kršnim kočijašima koji su se rukama kao cepanicama oslanjali na sto i tražili pivo, a ona onda nestajala u tamnoj kući. Ali u sumračnom hodniku, gde niko nije mogao da je vidi, zastala bi načas, zatvorila oči i podigla ruke do kose, koja joj je kestenjasta i upletena u tešku punđu opterećivala glavu. Činilo joj se da je kosa boli. – Marta, sluškinja, nosila je vrčeve piva obema rukama, a lice joj se sijalo od znoja. Ne menjajući izraz, tupo je i zdepasto trupkala idući tamo-amo, iz bašte gde su cvetali kesteni u tihu kuću i opet napolje ka kočijašima koji su je dočekivali bučnim povicima. Pod platnenom haljinom su joj se u hodu ljuljale dojke. Kad bi čovek u jednom trenu pogledao Martu, učinilo bi mu se da ona i nema lice. Umesto njega bila je samo jedna mirna sjajna površina, jednostavno uokvirena ravnom kosom.

Pošto je palo veče, Sonja pođe da prošeta iza kuće gde su rasle visoke bukve. Njena vitka i tamna prilika u haljini mekih nabora, promicala je ispod stabala. Napred u bašti sve je već utihnulo. Samo otac još nije otišao na počinak. Uspravan i krut sedeo je usamljen u mračnoj sobi. Tako su pored njega proticali sati. – A Sonji su u hodu tako bespomoćno visile ruke dirljivo mršave i mrke kakve nekad bivaju kod dečaka. Glava kao da nije dovoljno jaka da uspravno nosi tamno obilje kose, uvek joj je bila malo pognuta. Oko napred povijenog vrata nosila je nakit od starog srebra. – Poklon od majke koja je umrla pre nego što je Sonja progovorila.

Mislila je na Martu koja sad verovatno već spava. Poluotvorenih usta hrče ispod teške, crveno karirane perine. Kad joj Alojz, sluga, pošto se popeo kroz prozor, priđe, ona mu se osmehne već napola spavajući i obgrli mu telo dok se uvlači k njoj pod toplu perinu. Kako težak i zagušljiv mora da je vazduh u njenoj maloj sobi.

A Sonja se šetala ispod mračnih bukava. Na visokim potpeticama korača pomalo vukući noge, a ipak lako. Znala je: sad više nijedan čovek, nijedan bog ne misli na nju. – Nije verovala ni u kakvog Boga – nije verovala ni u kakvu ljubav. – Koračala je sama ispod krošnji. Neka tako bude dok ne umre. Toliko je želela da se prikrije. Nije li svaka reč koju bi preko dana izgovorila bila samo bojažljiva ljuska oko dubokog ćutanja? Nije li svaki pokret bio stidljiva maska za duboku bespokretnost?

U toj staroj kući, da bi došla do svoje sobe, Sonja je morala da prođe kroz beskrajne hodnike koji su odjekivali, soba je bila veoma velika i u njoj toliko mnogo besmisleno raspoređenog nameštaja. Ovde nikad nije bilo cvetka, ni ptice koja bi zapevala. Ravnodušno su ležale mrtve stvari po stolovima.

Sonja stade da ljušti mrke duguljaste kruške koje je držala u jednoj zemljanoj zdeli. Sedela je sama usred sobe i za sebe ljuštila jedan plod. Na njoj je bila teška plava domaća haljina, i kad bi se ona razmakla, videle su se dirljivo tanke noge kao kod nekog paža, u crnoj svili, sasvim stisnute jedna uz drugu, kao da hoće jedna drugu da zagreje.

Sonja polako ustade i sede pred ogledalo. Rasplete kosu tako da se oko njenih ramena spustila kao tamni ogrtač neke kraljice. Dugo je češljala kosu. Potamnelim očima posmatrala je svoju sliku u ogledalu koja se na staklu tako bezglasno kretala. Onda je ustala. Bez reči su stajale jedna prema drugoj. Osećale su se kao da će zaplakati. Ali, suviše stidljive, sad još i suviše gorde, samo su se smešile. Sonja se osmehivala tamnoputoj devojci. Tako je trebalo da bude. Bez Boga – bez greha – sama...

Jednom je neki muškarac nastojao da pridobije njenu naklonost, neki prijatelj koji ju je voleo. Stajala je nepokretno dok joj je ljubio ruku i tanku mišicu sve do ramena. Ali kad su zatim njegova usta potražila njena, nasmešivši se, izmakla mu je lice. Ostala je uz svog čudnog oca koji, strogo uspravan, u stavu generala, sam i neuposlen sedi u mračnoj stražnjoj sobi. Pomagala je služavci Marti u domaćinstvu. Sad, u proleće, dolazilo je toliko gostiju. Kočijaši, vojnici, putujuće kalfe. Držali su najbolje pivo i bilo je prijatno sedeti pod rascvetalim kestenovima kad na seoskim drumovima postane suviše vruće.

Sonja leže da spava u dugoj beloj spavaćici.

Kad se noću probudila, ležala je sama u svojoj crnoj sobi. Toliko se uplašila da je pomislila da će joj srce stati. Pogodio ju je neki zvuk iz mraka. Jesu li pacovi projurili pored njenog kreveta?

Sanjala je da su se u njenoj kosi ugnezdili mnogi crni leptiri. Lepršali su joj oko glave, krilima joj perušali lice. Njihovo prebivalište, osećala je Sonja, bilo je u crnom močvarnom potoku u kome se udavio pekarev sin. – Sonja u mraku posegnu za srebrnim nakitom, koji joj je poklonila pokojna majka, znajući da se on uvek noću nalazi pored nje na stolici.

Sada Marta i Alojz verovatno leže tesno pripijeni jedno uz drugo i spavaju prigušeno hrčući pod perjanim pokrivačem. Kako toplo – kako zagušljivo toplo mora da im je tamo.

Da ne bi morala da gleda u tu crnu pomrčinu u mnoge zamršene obrise nameštaja, Sonja zatvori oči i tako zaspa.

Ujutru nahrani golubove. Radosno pozdravi oca, čije se strogo lice sa pravim jako isturenim nosom i prosedim brčićima pojavilo iza jednog prozorskog okna. Mahnu mu rukom i nasmeja se. Stajala je usred livade u beloj lanenoj haljini. – Na kamenim stepenicama koje su ih hodnika vodile u vrt, sedela je Marta i ljuštila krompir. Još dok se smejala i nespretno mahala podigavši mršave ruke – obe ruke, kao da će joj neko odozgo dobaciti nešto što ona mora da dohvati – Sonja primeti da je služavka Marta trudna. Rodiće dete – rodiće čvrsto dete – pomisli Sonja i u srcu oseti kao neku porugu dok je trčeći prošla pored nje, pa kroz celu prostranu staru kući, preko u gostioničku baštu, jer su tamo dvojica putujućih kalfi tražila pivo i ona je sama htela da ih usluži.

Sedeli su ćuteći jedan pored drugog za jednim od dugih tesanih stolova. Jednom od njih moglo je biti devetnaest godina, imao je vatrene crne oči i veoma nisko čelo na koje je padala tamna kovrdžava kosa. Usta su mu bila malo široka i veoma crvena. Drugi je bio još dečak.

Sonja stade pred njih, srce joj je bilo puno podsmeha i lakoće. Marta će roditi dete – Marta je ležala s Alojzom, slugom, pripijena i zagrejana pod perjanim pokrivačem. – A *ona* sasvim sama usred noći ljušti mrke kruške i *ona* je smešeći se izmakla lice prijatelju koji je nastojao da je osvoji. – Bez Boga – bez greha – sama...

Ali uprkos tome desilo se da je oborila pogled kad je stala kod stola ispred dečaka i da joj se usporio hod i na čudan način postao trom, kad je pošla u kuću da donese naručeno piće.

U kuhinji gde su bile smeštene flaše s pivom, stajale su crne muve po okrečenim zidovima. Šta li je ono noćas sanjala? – Crni leptiri su se ugnjezdili u njenoj kosi – pacovi su projurili pored njenog kreveta. Mlađi od

momaka, onaj dečak, imao je na sebi sasvim svetlozele-
nu košulju, prema kojoj se njegova koža činila žućkasto-
-mrka. Pramen kose padao mu je do očiju, popreko preko
čela. Smejao se oštro i zvonko i pritom malo skupljao
ramena. Na uskim stopalima nosio je sandale.

Sonja je nepomično stajala u kuhinji.

Onda se vrati u baštu. Stavi čaše u flašu ispred njih,
pa se još malo zadrža tu pored stola, gledajući u zemlju.
Onaj stariji, vatrenih očiju, upita je iznenada, dok je još
tako stajala, da li bi mogli dobiti ručak i da li bi smeli tu
da se odmore do večeri – Tako su umorni – a novaca ne-
maju. Sonja podiže pogled. Odjednom joj se pojavi os-
meh. „Da, da", reče, „možete". Tamnokosi podiže čašu.
„Pa, hvala", reče „u vaše zdravlje". I nazdravi joj sme-
jući se. Imao je jake butine, koje su se pri sedenju još
više proširile. Ali ruke su mu bile veoma mršave i ne-
mirne – momčić je malim požudnim gutljajima pio, ne
dižući pogled.

Htedoše da još pre ručka prošetaju i malo pogledaju
okolinu. Tamnokosi se pozdravi sa Sonjom čvrsto joj
stisnuvši ruku, dok je ona stajala sasvim oborenih očiju.
Imao je na sebi košulju od grubog platna boje rđe. –
Dečak je stajao po strani. Bio je otkinuo jednu grančicu
i igrajući se njome, lupkao se po golim nogama. Ali od-
jednom, dok je onaj drugi još držao Sonjinu ruku u svo-
joj, on podiže grančicu i švićnu Sonju oštro i čujno po
levoj tankoj mišici. – Sonja se ne trže. Ona samo podiže
oči i sad im se prvi put sretoše pogledi. Dečakove oči
su bile iznenađujuće krupne, oštrog sivo-plavog sjaja.
Sonjine oči su međutim bile zlatasto smeđe kao kod ne-
kih životinja. – Tamnokosi se nasmeja, možda malo
previše glasno. Sonja se bez reči okrenu i pođe. Na ruci
joj se videla tanka crvena pruga. Tamnokosi je gledao
za njom kako polako korača prema kući. Kako su joj
povijena leđa – a ruke joj vise beskrajno tužno i umor-
no. – Momčić je stajao bez reči. Nije se okrenuo za
njom, gledao je u zemlju igrajući se svojim prutićem,
dok mu je lice prekrio oštar, a ipak sladak osmeh.

Ceo dan je sedela Sonja u svojoj poluzamračenoj sobi. Sedela je pred ogledalom – čitave sate – kao da mora da obavi važan i tajanstven razgovor sa bezglasnom devojkom sa stakla koja joj je toliko noći bila prijateljica i sestra. – Ni o ručku nije videla te momke. Ali ima je preko Marte, služavke, ponudila ako hoće da ostanu tu do večeri. Na tu ponuduu su obojica sa zahvalnošću odgovorila potvrdno. – A Sonja je i dalje sedela pred ogledalom, ceo dan do večeri. Tek onda je razdvojila ruke koje su bile sklopljene kao na molitvu. Tek onda se digla polako i uz kratak uzdah sišla u vrt.

U gostioničkoj bašti bančili su seljaci i kočijaši. Za dvojicu putujućih zanatlija Sonja je lično postavila sto iza kuće, pod bukvama. Išla je tamo-amo s teškim zdelama i tanjirima. Dok su oni jeli, Sonja je sedela pored njih i mnogo je pričala i smejala se.

Koliko je sad već duži dan, reče, a tek je maj. Ali ipak je malo sveže, i ona ogrnu ramena tamnom maramom. Tako je izgledala kao neka tužna ciganka. Pošto je promenila tanjire, donese iz kuće nova jela u velikim zdelama. „Samo se vi poslužite", kaza i gledajući nekud mimo njih, „sigurno ste celog dana bili na nogama". Obojica su pošteno navalila da jedu. Jeli su ćuteći, obuzeti sobom, dok je Sonja, kao da i ne primećuje kako joj niko ne odgovara, dalje pričala i smejala se. Stariji bi povremeno dizao pogled sa tanjira i pogledao je. Ali ni to Sonja kao da nije primećivala. Dečak je brzo jeo, oštrim hitrim pokretima baratao je viljuškom i nožem. Kad bi Sonja rekla nešto šaljivo, malo bi se nasmejao, ne dižući pogled, dok je stariji ozbiljno i uporno nastavljao da jede. – Spavaće tamo u paviljonu, sasvim u dnu bašte, reče Sonja, tamo su neki dušeci. „Jer sad noću da nekud krenete, nema nikakve svrhe", reče ona, „sutra, rano ujutru možete da se uputite dalje".

Onda se pozdraviše. „Da", reče Sonja, gledajući nekud pored njih kao da s naporom mora nešto da vidi u nadolazećem sumraku, „verovatno se nećemo više videti, kad već tako rano morate da krenete. Marta će vam svakako spremiti doručak". I ona pruži starijem ruku, dok je istovremeno levom prikupila maramu oko sebe kao da joj je hladno.

Ali on je tražio njen pogled. – Jedan pramen njene inače tako uredno i glatko pričešljane kose pade joj na čelo. Ona se okrenu da pođe. Uspravno koračajući pela se stepenicama. Zaboravila je da se oprosti i od dečaka.

U svojoj sobi se brzo razodenu. Baci se u krevet kao da beži od neke opasnosti. Ležala je na leđima nepokretno, sklopljenih ruku na pokrivaču. U tom mraku izgledala je kao mrtva. Ali grudi su joj se dizale i spuštale teško i sporo.

Kad se onda začu kucanje na vratima, ona polako ustade i kao da tako mora biti, prođe bosa kroz sobu u svojoj dugoj beloj košulji i otvori. Nađe se u mraku suočena sa likom starijeg – povijenim kao kad životinja hoće da se ustremi na plen. Kako su mu plamtele oči pod niskim čelom. – Sonja ostade trenutak nepomična. Oseti njegov vreli dah. Već je osetila kako se te drhtave mršave ruke spuštaju niz njeno telo. – Činilo joj se da će sad i tu, na mestu da umre, zato što je on bio taj koji je kucao na njena vrata i zato što je ustala da mu otvori. Ali ona jednostavno prođe pored njega i ne pogledavši ga, dok je on još stajao povijen i spreman na skok u mraku, odgurnuu ga sasvim lako ustranu i pođe i ne osvrćući se više, uspravna niz hodnik. Tek dole u vrtu poče da trči. Trčala je pod bukvama u svojoj beloj spavaćoj košulji tako da joj se sva kosa rasula i u neredu padala oko lica. U njenim očima je bilo nešto kao požuda, neki mrtav tamni žar koji se smirio tek onda kad je svom silinom otvorila vrata paviljona i ukočeno zastala na pragu. Videla je dečaka nagog, mršavog i mrke puti, sagnutog nad svetloplavim umivaonikom u koji je zagnjurio glavu. Kako su mu se jasno ocrtavali pršljenovi pod napetom kožom! A on kad ču Sonjin ulazak, okrenu se i uspravi i dok mu je mokra raskuštrana kosa padala u lice, on se kao u strahu grčevito uhvati za sto. I kao da govori nešto napamet naučeno, nešto što je bilo bez smisla za njega, dok je Sonja još nepomična, duboko oborene glave, stajala na pragu, on viknu – a glas mu je bio sasvim svetao i oštar – u jedan mah mu se piskavo prelomi u najviši ton: „Vi me progonite."

A ona koja nije htela kazati ni da ni ne, reče savim tiho ne dižući glas: „Bog neka mi je u pomoći". Pa onda pođe k njemu, spuštenog pogleda, kroz celu sobu, dirljivo tanke ruke su joj visile niz telo. I kad se našla sasvim blizu njega, poče blago, skoro bez strasti, sasvim blago, da mu miluje telo, počev od kose, pa celo lice, niz ramena i duž leđa. Skliznula je niz njega i kad je već ležala pokraj njegovih nogu, skide s vrata srebrni nakit koji joj je majka poklonila. „Ovo poklanjam tebi", reče i pruži mu gore, u otvorenoj šaci, dragoceni ukras. I kad je on sa obe ruke uzeo srebro, nasmejavši se uglas, dok mu je ona kosom milovala noge, šaptala je – verovatno ni sama ne znajući zašto – : „Hvala, hvala, hvala."

Napolju je žestoko lupao stariji, tražeći da uđe. Udarao je glavom o drvena vrata da je sve pucalo, čuli su njegov glas, promukao, izobličen, poživotinjen od besa: „Puštajte me unutra – morate me pustiti."

A dečak, po čijem se licu razlio i smirio smešak, sladak, a ipak oštar istovremeno, sagnu se nad nju dok je klečala i poljubi potiljak koji mu je nudila. I dok je ona, još uvek u zanosu, besmisleno, kao neku mucavu molitvu, šaputala svoje: „Hvala ti, hvala, hvala", on, još s usnama na njenom potiljku, iznenada, oštro brzo i zvonko reče, i ponovi, kao da ne razume smisao onog što govori: „Ja te volim", i njegovi se zubi zariše na sekund brzim ugrizom u njenu put dok su ruke mrsile njenu kosu. Pošto je osetila da su se sad svi njegovi zubi utisnuli u njen potiljak, kao lice Gospodnje u maramu kojom mu je obrisan znoj, ona ustade, okrenu se i ode kao što je i došla, prešavši celu sobu, oborenog pogleda, spuštenih ruku. Na vratima se okrenu prema njemu. „Kad ću te opet videti?" reče i sad mu se nasmeši. On odgovori, nag, naslonjen na sto, igrajući se lancem koji mu je poklonila: „Za godinu dana ću opet biti tu". Onda ona izađe, zatvori za sobom vrata, znajući: Kad prođe godina, on će biti tu.

Stariji je zgrčen čučao pred paviljonom i mršave ruke zario u zemlju. Kad je Sonja, sasvim uspravna, nema, zastala ispred zatvorenih vrata, iza kojih se mršavi dečak igrao njenim srebrnim nakitom, baci se ovaj, klečeći, pred njena stopala koja su bosa i bela stajala u mračnoj vlažnoj travi i obasu ih hiljadama poljubaca. U njoj iznenada iskrsnu misao: Da li ovaj tu zbog mene isto toliko pati koliko ja zbog onog drugog. I pošto je to pomislila, malo se sagnu i prođe mu blago rukom kroz zamršenu kosu. A on kad je osetio dodir njene ruke, zaplače. Suze su kapale po njenim stopalima. I pošto su joj tako suze jedno zgrčenog čoveka okvasile noge, zaplaka i Sonja, stojeći uspravno, nepomičnog lica. Suze su samo tekle iz njenih zasenčenih očiju i u travi se mešale sa suzama onog koji je klečao. – Dok je tako stajala plačući, ugleda Martu, služavku, kako stoji u senci ispod drveća, teška i tupa, sa već jako isturenim stomakom. Lice joj se nije moglo razaznati, videla se samo jedna mirna površina jednostavno uokvirena kosom. Sonja nespretno mašući podiže ruku i dok su joj suze tekle niz lice, doviknu joj svojim lepim, zvonkim glasom radosno kroz tamu: „Laku noć, Marta. Zašto još ne spavaš?" Marta ne odgovori. Stajala je kao neka seljačka madona, bez odziva i zdepasta pod bukvama, dok je Sonja, oko čijih se nogu mladić zgrčen savijao, uspravna i vitka u svojoj beloj košulji stajala prema njoj, oblivena suzama.

Izjutra rano vide Sonja obojicu mladića kako odlaze. Hodali su pogrbljeno pod teretom teških ranaca. Na baštenskoj kapiji se rastadoše. Stariji čvrsto stisnutih zuba, oči su mu plamtele pod niskim čelom. Ruke su bile zgrčene. – Dečak je, kao uvek, oborio pogled.

Sonja, još u noćnoj košulji, stajala je kraj prozora. Mora proći godina dana. On će se vratiti sledećeg proleća. I s najdubljim stidom ona reče sebi da ova godina neće biti ništa drugo nego čekanje na njenog dečaka. Doći će leto, pa zatim pozno leto i onda jesen. I onda će padati sneg, i kad se sneg otopi, rascvetaće se drveće – i onda će doći on.

Zar godina nije jedna šarena bajka? Možda žalosna bajka – ali ispunjena tugom koja je istovremeno i radost. I neka tako bude.

I onda je Sonji prolazio jedan dan za drugim. Došlo je leto i bila je silna žega. Jednom je umorna prolazila ulicama naselja, Marta je upravo stajala u trgovini sa zembilom u ruci i kupovala povrće. Iz radnje Sonju zapahnu miris hleba. Žuti, otežali cvetovi suncokreta ispred radnje savili su se na vrelom suncu. Marta okrenu lice prema njoj, i s naporom, sasvim sporo pređe osmeh preko tog lica koje je bilo samo jedna mirna površina – osmeh saznavanja. I pošto je na taj način razmenila pozdrav s prijateljicom, Sonja pođe dalje niz beli, blistavi, od sunca zažareni seoski drum. Beli oblaci, zgrudani, stajali su na horizontu. Na Sonjinom tamnom potiljku uvek su se videli otisci mladićevih zuba, sasvim jasno, kao beleg.

Uveče, kad je zavladala tišina pod kestenovima i Marta ćuteći odnosila u kuhinju napola ispijene čaše da ih opere, nebo se zacrnelo od oluje. Zamukao je zov kukavice u šumi. Ni listić se nije pomerao na drvetu. Sonja vide da u kući gori jedna jedina svetiljka. Pored ostalih mračnih prozorskih okana, bilo je samo ovo osvetljeno. Tu je sedeo njen otac, uspravan, usamljen, dokon. – Tamo u polju sad se verovatno klasje mučno povija pod vrelinom i tišinom. – Sonja se jedva sećala kako je ranije bilo. Zar nije bez greha, bez Boga, sama šetala pod bukvama? Zar nije satima sedela prekoputa svoje tamne slike u ogledalu, bez reči, i suviše stidljiva da bi briznula u plač? – Sad je gledala tromo Martino telo kako se penje stepenicama, telo koje je nosilo plod. Nežno, blago Sonja pomilova beleg na sopstvenom potiljku: Stajala je one noći oblivena suzama.

Sad je bilo leto. – Usred noći Sonja začu glas kako u bašti peva – bila je to ljubavna pesma, na koju je sad tako često morala da misli. Glas je pevao:

U vlažnoj noći
Sjaj se prosu
I sada mislim
Dane i noći
na Tvoju kosu
na Tvoje oči
U čežnji
Zanavek.

U kasno leto sedeli su pod prozirnim nebom bolesnici i stare žene na blagom suncu, pred svojim kućama. Marta je raznosila žute jabuke u velikim zdelama. Ponekad bi se pojavio otac na stepenicama koje su vodile dole u vrt, stajao je ćutljiv u svojoj strogo zakopčanoj jakni, koja je bila kao uniforma i žmirkajući uživao u suncu.

Onda je drveće ogolelo i Sonja je provlačila stopala kroz mrko, vlažno lišće koje je svugde pokrivalo zemlju. Samo poneki gosti su još dolazili u baštu. Kako je već hladno.

Marta se opraštala, putovala je u svoj rodni grad da tamo sačeka rođenje deteta. Sonja ju je jedina otpratila do železničke stanice. Alojz, sluga, već je davno napustio Martu i verovatno otišao nekud daleko. Tako su njih dve išle same, Sonja i služavka Marta. Sa svojim ispupčenim trbuhom Marta se neobično gegala u hodu. Sonja je bila vitka kao arhanđeo pored nje. Marta je ponela plod. Za Sonju je ova godina bila kao tužna bajka – kao bajka čežnje.

Pošto se dete rodi, Sonja će posetiti majku u njenom zavičaju i biće kuma.

Jesen je došla vetrovita i s hladnim kišama. Sada je Sonja bila sasvim sama. Činilo se da iz dana u dan postaje sve tanja. Kosa je bila tako teška da joj je taj teret

89

sagibao potiljak. Na tom mirnom licu rečito su govorile oči, krupne i tužne, zlatastosmeđe kao u nekih životinja. U novembru otputova kod Marte da vidi dete. Marta je živela u sivom gradu krivudavih ulica kroz koje je vetar terao hladnu kišu. Stare žene ogrnute iskrzanim maramama stajale su, po nekoliko njih, pod svodovima kapija. U nekoj dvorišnoj kući se nalazi Marta, pokrivena teškim crvenokariranim perinama i pored nje vrišti novorođenče. Kako ovde miriše na hranu i dečje rublje. – Kad se Sonja popela mnogim strmim stepenicama i ušla u sobu, sedela je Martina stara majka pored kolevke i pričala neku priču da smiri rasplakano dojenče. Sonjin dolazak je nije prekinuo. „Usred pola noći neko zalupa na vrata", pričala je stara. „Žena ih otvori, beše to mrtvac, ćelav, bez očiju i s ranom na grudima. 'Gde ti je kosa? – 'Vetar mi je oduvao'. – 'Gde su ti oči?' – 'Vrane su ih iskljucale'. – 'Gde ti je džigerica?' – 'Ti si je pojela!' – Na to prestade plač deteta. Crvenim malim pesnicama mahalo je smejući se i klikćući u svojoj kolevci. – Ni Marta nije mnogo obraćala pažnju na Sonju koja je tiho stajala u vratima. Ležala je zatvorenih očiju u krevetu. Pošto je Marta odlučila da se dete ne krsti, Sonja je vrlo brzo otputovala.

Kod kuće je već bio pao sneg. Ujutru kad je prišla prozoru, blještalo je sunce po svoj toj belini. Sonja je žmirkala zaslepljena sjajem i svetlošću. U podne je pošla da prošeta. Uzela je štap da se ne bi okliznula na sleđenom putu. – A uveče je otišla da poseti staru seljanku, čija se kuća nalazila ispred sela u dubokom snegu. Tu je sedela s rukama u krilu u polumračnoj izbi i pričala starici koja je mrmljajući sedela u naslonjači i klimala glavom: „Zamisli", reče Sonja, „kakve sam snove imala ranije. Sanjala sam da se noćni leptiri gnezde u mojoj kosi, lepršaju oko mog lica i dodiruju me krilima. – I stalno su šuškajući protrčavali pacovi pored mog kreveta. Čula sam to u mraku. A sad" reče Sonja, „eto moja prijateljica je rodila dete i ja sam plačući stajala naspram nje u večernjem parku. Pa ja sad nosim beleg na potiljku." I na sve to stara je mrmljala i klimala glavom. – Kad se Sonja kasnije vraćala kući, sneg je bio sasvim tamnomodar sa dubokim ljubičastim senkama. Noću je sigurno bila velika studen.

Pošto stiže januar i februar, Sonja je, koračajući tiho širokim hodnicima i napolju po seoskom drumu, imala samo jednu misao: Sad će se uskoro otopiti sneg i onda će godina bajke proći, te godina čežnje.

I onda se sneg otopio. Kad se jednog jutra probudila, livade su bile mrke i svetlozelene i u svim potocima i olucima grgoljala je voda. Onda se uskoro rascvetalo drveće i Sonja ubra kitu žutog cveća i odnese je ocu koji je prihvati dostojanstveno i nespretno. U poslepodnevnim časovima sedeli su opet kočijaši u gostioničkoj bašti. Kako ih je spremno posluživala pivom, kako se nasmejana provlačila između drvenih stolova obučena kao kelnerica.

Sad je bio april – sad maj. – I tako se zatvorio krug.

Jednog je jutra hranila golubove. Radosno je pozdravila oca čije se lice sa istaknutim nosom i prosedim brčićima pojavilo iza prozorskog okna. Mahnu mu i nasmeja se. A on, što se inače nikad nije dešavalo, odgovori na njen pozdrav i druželjubivo podiže ruku, taj neobični čovek smešio se iza stakla.

I sad je Sonja znala da je on došao. I ona potrča kroz hodnike velike kuće, koji su odjekivali, trčala je dole sve do bašte. I trčeći pevušila je: „Došao je maj, i sad mislim na tvoje oči – na tvoju kosu – u čežnji zanavek". Radovala se kako samo žene umeju da se raduju.

Ali napred u bašti nije bilo nikog sem jedne krupne plave devojke u svetloplavoj haljini. Okrenuvši se govorila je nekom iza sebe i smejući dozvala prema vratima: „Ma, hajde, dođi. – Što stojiš tako, dođi, moj dragi!" I kad primeti Sonju koja je odjednom kao skamenjena stala, reče uz lak osmeh: „On je često tako smešan, znate, odjednom čovek jedva može da ga pokrene s mesta. Ali ja ću ga već od toga odučiti", dodade plavuša smejući se.

Onda se dečak pojavi. Stajao je oborenih očiju pred Sonjom u svojoj svetlozelenoj košulji i držao prutić u ruci. „Dobar dan", reče on ne dižući pogled, „Hteo sam samo da pitam da li bismo mogli dobiti pivo", i iznenadno, ne čekajući odgovor, brzo i odlučno sede za jedan od dugih drvenih stolova. Plavuši, svojoj prijateljici, koja je još uvek, malo u nedoumici stajala, samo kratko reče, uz pomalo nagli i naglašeno konvencionalni pokret: „Hajde, sedi!" A Sonja ga pogleda. Zatim reče prigušeno: „Pivo? – Da, sad ću da pogledam." I uputi se kroz baštu, pa na stepenice, i kroz hodnik do kuhinje gde su crne muve stajale na belo okrečenom zidu. Samo se jednom osvrnula u hodu i videla kako dečak svojim prutom šaleći se udara devojku po ruci.

Ona uze čaše iz ormana – dve pivske čaše – i uze bocu. Iznese im to napolje i stavi svom težinom na sto, pa stade sa mlitavo opuštenim rukama, a na lice joj pade pramen kose. Ipak je bila suviše umorna da podigne ruku, isuviše umorna da zagladi kosu. Izgledala je kao ciganka u žalosti. Glavu joj je zaokupljala samo jedna misao, kao da može sav svoj bol da zaodene u tu jednu rečenicu: A ja sam mu poklonila svoj srebrni lanac.

I ona, ne znajući koje reči oblikuju njena usta, upita: „Gde je onaj drugi, tamnokosi, koji je prošli put bio sa vama?" A dečak, usput, dok je pio pivo u malim halapljivim gutljajima i ne dižući pogled reče: „Njega odonda nisam video." I iznenada diže oči. Pogleda je pravo u lice, a oči su mu bile iznenađujuće velike, plavo-sive i blistave. Pa se i osmehnu i podiže čašu: „U tvoje zdravlje", reče, zabacujući malim trzajima unatrag glavu, jer mu je pramen kose pao sve do očiju i smetao mu. „U tvoje zdravlje", reče i okrete se plavuši u svetloplavom. „U zdravlje!" i ispi čašu zatvorenih očiju.

I videći ga takvog i Sonja se nasmeši. Tako je ovo bila godina čekanja da on dođe, bajkovita godina ispunjena čežnjom. Došlo je leto, pa pozno leto, pa jesen i sneg je pao i otopio se i onda je dečak došao. Zar se nadala da će on njoj pripasti? Zar se nadala da će kod nje ostati? – Tako, kako je bilo, neka i bude. Neka uistinu tako bude.

Sonja nije mislila rečima. Ali je osećala dubok smisao celog zbivanja. I kao onda, pre godinu dana, dok je svoju ruku sasvim polako, sasvim blago provlačila kroz njegovu dragu kosu i kao što i tada nije znala zašto to govori, šaptala je: „O, hvala ti, hvala, hvala..."

OTAC SE SMEJE

1.

Sve do onog dana kad se Kunigunda vratila kući iz polumanastirskog pansionata, u kojem je vaspitavana, stanovao je gospodin savetnik ministarstva Teodor Hofman sasvim sam u svom prostranom stanu. Od smrti svoje iskreno i duboko voljene žene živeo je skoro potpuno povučeno. Nije se on, u nekoj strasnoj askezi, radikalno odbijajući svako opštenje, ogradio od sveta. Voleo je da s vremena na vreme prima goste u svom domu, većinom kolege samce, kao i on što je, i one koji bi došli sa svojim sad već pomalo ostarelim suprugama. Želeli su da se osećaju prijatno u tako uvaženom krugu, spremno su jedan drugom potvrđivali dostojanstvo i čast koje je svaki svojim ponašanjem davao na znanje. Čovek, takoreći, poštuje samog sebe, ako drugom prilazi s biranom učtivošću. – Sa spretnošću za koju su njegovi prijatelji pohvalno govorili da je „šarm" vodio je savetnik običnu, ali prijatno živahnu konverzaciju. Skoro ne treba ni da spominjem koliko je ova značajna i lepa reč, koju su odabrali da pohvalno okarakterišu njegov društveni dar, ovde bila posebno neprimerena. Predusretljivost u njegovom ponašanju poticala je iz osećanja dužnosti – i ništa više. Trebalo je što je moguće tačnije, što je moguće egzaktnije obaviti zadatak koji je pred njim. – Tako se savetnik, koji je zapravo svima bio tuđ, i živeo, iako bez patetike, izolovano, obratio lepo sročenom zdravicom uvaženim gostima.

Inače je obavljao svoje poslove i u punoj snazi služio državi. U danima kad mu je rad bio prožet vedrinom, posvećivao se dragoj uspomeni na umrlu ženu. Daleko je bila svaka pustolovina, još dalje zanos. Gospodstveno je ostavljao za sobom dan za danom. Izgrađivao je svoj život kao što se kamen po kamen podiže i dovršava jedna ne baš monumentalna, ali ipak solidna građevina – za opšte dobro.

Savetnik ministarstva imao je prijatnu narav. Nos mu je, nažalost, bio podebeo i crvenkast, brada kružno podrezana i malo čekinjava. Nosio je naočare sa zlatnim okvirom. Iza njih su bile dobre plave oči, ne bez setnosti, iako je s druge strane u njima bilo spremnosti na šalu i ozbiljne vedrine. Pogled iza stakala bio je *muževan*, muževan i dobronameran.

Ručao je sam ali uvek dostojanstvenog držanja u trpezariji obloženoj tamnim drvetom. Salveta oštrih pregiba i blistave beline ležala mu je na krilu. Sa velikim zadovoljstvom prihvatio se telećeg pečenja. Stari sluga sa sedim širokim zulufima, bez ropskog ulagivanja pred gospodinom koji je raskošno ručao, ali od srca odan, poslovao je tiho za velikim bifeom. Posle je pridošla i jedna životinja iz roda pasa, Danko, mrke boje sa klempavim ušima i žućkastim krmeljavim očima, pomalo hrom, cvileći češao se o gospodareve sive pantalone.

Noću je savetnik ministarstva, dišući spokojno, spavao u beloj uštirkanoj spavaćici sa crvenim obrubima, pored kreveta se nalazila slika pokojnice u zlatnom ramu. Njegova spavaća soba bila je bez ičeg suvišnog, ali ne i bez udobnosti, mirisala je na sveže rublje i stari dim od cigara. – Jutrom bi stao pred umivaonik, obučen u belu potkošulju od trikoa. Na njegovim poluobnaženim grudima gusto su rasle sede i čekinjaste dlake. Na nogama, ne baš prijatnog izgleda, isto tako dlakavim, nosio je izgažene papuče. Da bi se dobro osvežio, zagnjurivao je lice u prilično hladnu vodu. Frktao je glasno i žestoko trljao gornji deo tela i potiljak grubim frotirom.

Savetnik nije mogao pred sobom da sakrije *izvestan nemir*, kad se tako iznenada približio dan dolaska njegove ćerke. Ne može se reći da se baš nije pomalo i radovao što će opet videti dete posle mnogo godina razdvojenosti. Ali ko bi mogao da kaže hoće li se sa tom, takoreći, tuđinkom usaglasiti? Strepio je da se ne poremeti vedrinom protkan, uvek ravnomerno prijatan, a tek sasvim malo setan mir njegovih radnih dana. Možda je naslućivao da biti otac, živeti kao otac, uvek sa sobom donosi konflikte, nerviranja, neprijatna uzbuđenja. Nastojao je da, misleći unatrag, sebi predstavi kakva je bila Kunigunda kad je poslednji put kao mala devojčica stajala pred njim. Video ju je ćutljivu, bledu, u crvenim pantalonicama – kao bolešljivog dečaka. Kako je tada bila tuđa svojoj dragoj majci – kako beskrajno tuđa ocu. Imala je crne oči, to još zna. Sedela je šćućurena, sasvim povučena u sebe, kao neki preterano koncentrisani mislilac. Jednom je bila teško bolesna – ali odmah posle majčine smrti je otputovala – poverena brizi neke stroge u sivo obučene dame, otišla je u manastirski pansionat.

U teškom zimskom kaputu, sa okruglim krutim šeširom na glavi, malo pocrvenelog nosa i s prvim znacima starenja čekao je svoju ćerku i stajao na peronu. Osećao je samo da mu se stomak od uzbuđenja malo bolno grči.

Došla je, izašla je iz jednog kupea sasvim blizu njega, malog rasta, u tamno odevena, upadljivo ovalnog lica. Ono je bilo u dubokoj senci njenog donekle muškog šešira. Pregovarala je, u prvi čas ne primećujući oca, sonornim kao zvono dubokim glasom o otpremanju sivih sanduka i škrinja koje je dovezla sa sobom. Savetnik je uplašeno zapazio kako ona s ledenom određenošću precizno saopštava nosaču svoje želje. Ispod putničkog šešira, koji je delovao malo groteskno, i damski podignutog okovratnika kaputa, njeno lice je bilo belo kao sneg i kaluđerički strogo.

96

Tek kad je sve bilo u redu, okrenula se ocu koji joj se, malo ostareo, smešio. Prišla mu je dugim muškim korakom, uhvatila mu obe ruke sa zbunjujuće odučnom veselošću, a nije bilo prijatno gledati kako se pritom menjalo njeno kao sneg belo lice. Zaplašujuće ljubazan osmeh pojavio se u naborima oko njenih usana, veoma tankih i veoma crvenih i starački ih izobličavao, osmeh, neprijatno lukav uspuzao se do uglova njenih očiju, smanjivao te oči koje su inače bile neprirodno velike u dubokoj senci kapaka staroegipatskog oblika – tako da su gledale veselo, cinično i prevejano. Osmeh je klizio niz obraze, ćudljivo nagrđujući njen mršavi vrat koji je beo kao alabaster, isticao svetlinom prema crnoj boji oko – vratnika. Nekoliko puta je prodrmusalaa njegove ruke i govorila nešto đački raspušteno, bezbrižno, veselo – konvencionalno. „Eto nas", reče smejući se i u dobrom raspoloženju ćerka, dok je onako mala i u tamno obučena stajala na čiči zimi. „Eto nas, dakle, dragi stari tatice!"

A otac, lica ukočenog od hladnoće, gledao ju je bespomoćno.

Kad su za večerom sedeli jedno naspram drugog, primetio je otac, koji se opet prilično pribrao, da je njegova ćerka *lepa*. Oval njenog lica imao je čistotu i belinu kakvu savetnik još nikada i nigde nije imao prilike da vidi. Oči skoro zastrašujuće duboke pod preteškim kapcima kao kod starih Egipćana duboko usađene u tamne senke, čas plave, čas crne – pa i zelenkasti ton zapazio je savetnik u njima, ne bez straha. – Usta svakako, kao nožem prosečena i tanka činila su se ocu previše neženstvena, previše oštro postavljena u belini lica.

Kunigunda je jela mnogo i brzo, spuštene glave, kaluđerički jednostavno obučena u sivoplavu haljinu sa belim širim okovratnikom. – Otac, najsavesnije obavljajući zadatak koji je u ovom trenutku pred njega postavljen, sedeći u geroku preko puta nje, nastojao je da održava svakodnevnu, pa i živu konverzaciju. Ali ona je uzvraćala samo pojedinačnim rečima, skoro ne mičući usne i kroz zube. Posle onog zastrašujućeg napada ishitrene veselosti opet je zavladala hladna ravnodušnost oko nje, ona najoholija koncentracija na samu sebe, koja ne želi da širi oko sebe nikakvu toplinu. – Reče sasvim tiho da je umorna.

U međuvremenu je otac promišljao u kako neznatnoj meri ga ona podseća na mrtvu majku. Majka je bila oblija – sa više mekote, više tela. Mada je svakako već i ona imala te tamno osenčene oči. A šta li joj je on, otac dao u nasleđe? Toj *Kunigundi?* Ona je nova, pomislio je sa strahom, dok joj je postavljao dobro formulisana pitanja, obična pitanja koja su se većinom odnosila na manastrirski pansionat i tamošnje čudne i zamršene prilike i odnose. Ona je sasvim nešto novo, mislio je, skoro bez ikakve veze – bez posrednika – tuđinka – ona je nova. – Kunigunda ustade pošto je dovoljno jela i pođe, ne sasvim uspravna, oko stola k njemu. On, žvaćući teleće pečenje, pogleda je iza naočara. Ima visoke, veoma šiljate čizmice, zaključi on, boje ilovače, niskih potpetica. Ona stade pred njega, smešeći se opet, ali to je bio sasvim umoran smešak, nejak i pun blagosti. „Laku noć", reče i pruži mu mršave, bele, lepo oblikovane ruke, „laku noć – oče". Činilo se da je morala nešto u sebi da savlada da bi izgovorila tu reč. Ali sad je bila tu, strujala je blago iz nje, bila je velika i zamagljena. Njen pogled ispod egipatskih kapaka bio je potpuno oslepljen od te blagosti. Beskrajno dirljivo niz njene obraze skliznu trzaj kao da je nešto nagoni na plač. To se skupi oko njenih usana i dade im tužan i dečiji izraz. „Laku noć", reče još jednom i izađe vukući noge.

Savetnik ministarstva sedeo je sam sa pomno razastrtom salvetom na kolenima. Rekla mu je „oče". Otac – otac. A bili su jedno drugom tuđi.

Toga časa odvojio je savetnik bez mržnje, sasvim bestrasno, strogo svoju ličnost od njene.

98

Sledećeg jutra je Kunigunda opet, gotovo kao nekom čarolijom bila promenjena. U plavom kućnom ogrtaču prolazila je kroz sve sobe, njen preglasan smeh je kao električno pražnjene treperio celim prostranim stanom, za njom se vukao uznemirujući miris njenih cigareta i oporog parfema.

Savetnik je, obučen za izlazak, sedeo za doručkom i čitao novine, žvaćući zemičku s maslacem, kad se ona, smejući se, pojavila pred njim, po izgledu kao neki ne sasvim mlad, ali izuzetno dražesni markiz. Uz plavu kućnu haljinu nosila je crne svilene čarape i iz širokih rukava su se gospodski pojavljivale pametne i negovane ruke. Nije bila raspoložena da se pridruži doručku, krajnje napet životni nagon sprečavao je da mirno sedi. Čulo se kako po hodnicima odjekuje njeno pevanje italijanskih arija. Protrčala je kroz trpezariju, gde je savetnik žvakao doručak i groteskno kao u igri podigla obe ruke u vis.

U svojoj sobi bacala je sadržaj svog prtljaga po podu, stolovima i krevetu. Stojeći pred ogledalom, osmehnuta, hladila se crvenom lepezom od nojevog perja. Savetnik je posmatrao zabavljen i napola ljutit, dok je u garderobi navlačio kaput i uzimao štap i šešir. Jedino što je mislio da mu je ona tuđa, daleka kao neki nepoznat svet, dok je zakopčavajući rukavice silazio niz stepenice.

Cupkajući, skačući, pevajući Kunigunda je sasvim sama gospodarila u svojoj sobi. Knjige su bile razbacane unaokolo, knjige naučnog, filozofskog, strogo-intelektualnog sadržaja. U grotesknoj plesnoj pozi držala je visoko iznad sebe ispruženo jedno srebrno raspeće i, gledajući u njega, pevala mu na italijanskom. Dopremila je sa sobom pomorandže, mnogo pomorandži koje su se kotrljale po sobi. Jednu je halapljivo sisala, dok je uzgred, brzo nešto pročitavala u jednoj strogo filozofskoj knjizi.

Kad se savetnik ministarstva uveče vratio kući, skidao, nakašljavajući se, u garderobi šešir i kaput, i kod umivaonika brižljivo prao ruke, da bi se čist i odmereno svečan pojavio na večeri, čuo je iz ćerkine sobe smeh mnogobrojnih glasova. On kratko zakuca i uđe. Prizor koji mu se ukaza, zbunio ga je. Kunigunda nije bila sama. Kod nje su bili kavaljeri. Mnogo kavaljera, jednostavno kao čarolijom prizvani, veoma vitki, u svetlim, ekscentrično krojenim kaputima, preterano mladih lica, razne vrste. A Kunigunda je – od toga je oca uhvatila vrtoglavica – imala na sebi dugi crni svileni mantil, duboko natučen mali crni šešir, a oko vrata lisičje crven, nepodnošljivo crven, perjani okovratnik. Zapanjujuće je bilo i to da Kunigunda u svilenom mantilu sa kavaljerima koji su vrištali i cerekali se, sebi prekraćuje vreme loptanjem. Oni su joj svi dobacivali svetlocrvene lake, lake loptice – mnoge loptice u raznim kovrdžavim putanjama doletale su do nje, a ona ih je sve hvatala i žonglirajući s krajnjom, skoro neprijatnom spretnošću, vraćala mladićima koji su ih, uz žensku vrisku, hvatali.

Savetnik se sa rukom na čelu nakašlja, zastavši u okviru vrata. Ona mu okrenu lice – poprimilo je nestvarni odsjaj od perjanog okovratnika lisičje crvene boje i crne boje koketnog mondenog šeširića. Dok se onaj starački i sladunjavi osmeh prikradao uglovima njenih usana i lukavo joj smanjivo oči, ona reče, tek onako – iza nje su se uz plesne pokrete cerekali mladići – da želi malo da izađe sa svojim prijateljima. Ostavljajući za sobom prodorne mirise parfema društvo prođe pored savetnika koji se osećao kao da u snu gleda neko odvratno priviđenje. Nesvesno je slušao njihov bučni silazak niz stepenice. Skoro ošamućen ostade otac u praznoj sobi. Odakle su iskrsli ti kavaljeri sa svojim ekscentričnim kaputima to je bila misao koja ga je tužno smućivala. Poluzatvorenih očiju udisao je oštar i gust vazduh te blještavo bele sobe. Sto oštrih ivica stajao je ispred jednog svetlosivog zida. Na njemu su se nalazile debele sivo uvezane knjige. Nekoliko pomorandži. Krvavo crvena lepeza od nojevog perja. Srebrno raspeće. – Kako je taj vazduh jurnuo na njega. – Znači: treba ostati postojan, izdržati, pomisli otac. Sad dok je odnedavna tu, treba se oboružati protiv ekstremnog nereda koji ona stvara. Otac pomisli: ostati postojan. I, oštre brade, stojeći tu u toj blještavoj maloj sobi, on se zakle da će ostati veran životu koji je dosad vodio, zakle se životu koji želi i mora voditi i dalje do svoje spokojne smrti: u vedroj ozbiljnosti i dobrom, redovnom ispunjavanju dužnosti, danima koji jednakomerno protiču, jednostavno i časno, sa uspomenom na preminulu suprugu.

Dostojanstveno je jeo u trpezariji obloženoj tamnim drvetom. Nije ipak pred samim sobom mogao da porekne da se njegove misli, dok je Lorenc ne udvorički već od srca odano poslovao oko bifea, ne zadržavaju kao pre na prijatnim uspomenama iz prošlih životnijih dana nego na *njenoj* ekscentričnoj, iritirajućoj ličnosti, koju je sad doživljavao kao da je zapravo maska koja prepokriva nešto što mu je u još većoj meri tuđe, nešto čudovišno. Malo je bilo nade da će se na nju moći navići. Njeno opako menjanje raspoloženja drsko se protivi pojmu navikavanja. Kako se moglo stvoriti to utvarno, zaplašujuće biće sa životinjskim očima – kako se moglo stvoriti iz one spokojne, ne mnogo uzbudljive veze između njega i Lujze? Zar se sve ono što je po pravilu trebalo da roditelji ovom detetu daju u nasleđe, nekom jezivom šalom prirode prometnulo u svoju suprotnost? Ostati postojan, dakle odolevati ovim neprijatnostima koje iz jedne nepredvidljive smicalice klize u drugu. Ne treba dozvoliti da se razori moralno spokojstvo života. Neka je sto puta od njega jača intelektualno, po strastvenosti duha, po strastvenosti doživljaja. – On je otac. On je taj koga je život priznao, koji se pokazao sposoban za život, koji je služio životu. – *Ona* je bezumno i agresivno zanesena mladost. On sme da je prisiljava, sme da je natera na poslušnost, ako bi se prema njemu odnosila na uznemirujući način i nadmoćno, da je pokori, da s njom završi. – On je otac. – On je savetnik ministarstva.

Tako oboružanog srca i te noći je kao uvek mirno disao u svojoj uštirkanoj noćnoj košulji.

Kad se Kunigunda tek pred jutro vratila kući, sa zgužvanim perjanim okovratnikom, ali kao uvek zalizane kose, vrteći šeširić oko ruke – zastala je osluškujući pored očeve sobe. Prignuta uz vrata slušala je dugo, bolno stisnutih kapaka njegovo ravnomerno disanje.

Sledećeg jutra on je namerno otezao sa odlskom dok se i ona ne pojavi na doručku. Pa, dođavola, ružno se ponela, otac je hteo da je pozove na odgovornost.

Došla je veoma kasno, možda oko dvanaest. Zastala vitka, siva, čudnih očiju u okviru vrata. Pod širokim slovenskim čelom, opterećene plavičastim kapcima, nemo, beskrajno ćutljivo gledale su oči kao u neke stare životinje. Bila je obučena u pepeljastosivu kućnu haljinu, strogo do grla zakopčanu.

Podižući pogled sa novina, namršten, pitao se otac koliko li ona ima tih šlafroka. Dok je ona, pognuta, nepristupačna, s bledom ohološću koncentrisana na samu sebe koračala prema stolici, on joj se obrati smireno, ali sa neprijatnom oštrinom u glasu: „Hteo bih da te pitam", reče savlađujući se savetnik, „ko su i šta su mlada gospoda koju sam juče video da se s tobom igraju lopte?" Sedela je za stolom oborene glave, sa izrazom nervoznog prezira na licu. Ona odgovori skoro ne mičući usnama, kratko kroz zube: „Ne shvatam tvoj ton. To je nekoliko mojih prijatelja koje sam slučajno upoznala u pansionatu. Bezazleno smo se družili", reče, naglo se nasmejavši i pogleda ga ovlaš, zlim očima. Savetnik ministarstva ustade. Prepostavljao je da neće priznati da nije u pravu. Do dna duše oseti da je jalova svaka debata o pristojnosti sa ovim skutrenim i ćutljivim stvorenjem. I on krenu širokim koracima ka vratima, jedva primetno zapinjući u hodu, jer je osećao nju onako nepomičnu iza sebe. Tu se okrenu još jednom. Na čelu mu beše nabrekla žila od ljutine: „Očekujem da mi ubuduće ne dovodiš u kuću individue od kojih sam dosad brižljivo odvajao svoju egzistenciju". Opet se susrete s njenim pogledom. – Bio je mračan, mračan je stizao do njega. „Zbogom", reče otac i izađe.

Ona je zatvorenih očiju slušala kako se u garderobi brižljivo sprema za izlazak.

Prolazili su dani. Prolazile sedmice. Živeli su jedno pored drugog. Njihovi životi su se jedva dodirivali. Pored zamršenih strasnih krugova njenog života, tekla je ugodno mirna, verna sebi, prava linija njegovog života. Mrzeo je katastrofe i nastojao da sasvim izbegne sukobe.

Mnogim stvarima se čudio. Mnoge su ga veoma ljutile. Često je, besan, govorio sebi da ako je sva današnja omladina tako preterana, neumerena, haotična, raskalašna, onda se s punim pravom ne može mnogo uzdati u nju. Morao je priznati da ne razume baš sasvim šta to ona, tu pored njega, radi, čime se bavi. Priznavao je uviđavno da mu je mnogo toga, većina, bilo ne samo strano nego i nerazumljivo. Možda je to bio razlog što joj je uglavnom ostavljao odrešene ruke, ako njene ekstravagantnosti nisu baš remetile njegov mir i prijatnu udobnost.

Bilo je dana kad su kod nje dolazili oštroumni studenti i kad bi otac, prolazeći pored njene sobe, čuo odlomke pametnih radikalno podrugljivih razgovora, prkosno protkanih nerazumljivim stranim rečima. Bilo je dana kad onaj staračko-sladunjavi, utvarnoprevejani smešak skoro da nije nestajao sa njenih usana, iz njenih lukavo smanjenih očiju, sa albasterno belog vrata. U to vreme primala je mnoge žustre dame u visoko zakopčanim belim bluzama i naočarima sa energičnim debelim okvirom. Pojaviše se tada ponovo i oni mladići baletskih pokreta u ekstravagantnim kaputima, uprkos savetnikove zabrane. Ali on, hladnokrvno, povremeno začuđen i pomalo ozlojeđen, provodio je neometan dan za danom i pustio ćuteći da se takve stvari dešavaju.

Vratila se ponovo i ona preglasna veselost, koja je kao električno pražnjenje ispunjavala stan u nju terala da uz grotesknu igru juri kroz sve prostorije. Zatim su dolazile posete mladih ljudi koji su se srdačno smejali u uniformama organizacije Vanderfogl, crnih momaka u zelenim košuljama-jaknama, mladih devojaka s bujnim grudima i pletenicama savijenim oko ušiju. Okružena je bila tada detinjastom bukom i veselom muzikom.

Jednom, zapravo ni ne očekujući pravi odgovor, upita je otac čime ona u stvari misli da se bavi u životu, kakvog zanimanja misli da se lati pitao je savetnik ministarstva za večerom. Video je da od crvenog drveta delje male figurine – plesače. Da li želi da ide u školu za primenjenu umetnost? – Rekao bi da se bavi i pisanjem literarno-naučnih rasprava. Možda, reče on, žvaćući teleće pečenje, pomišlja na univerzitetsku karijeru. – Ali ona, tajanstvena, zagonetna, oborenog pogleda nije umela da mu da pravi odgovor, ili hladno i strogo zatvorena u sebe nije bila voljna da to učini. Gospodin savetnik, koji sebe nije smatrao odgovornim za tu devojku, ostavi stvar na tome.

Nije on često mislio na to, ali jednom mu pade na um da je više nikad nije kod nje primetio onu blagost, koja je jedanput, prve večeri, kad je bila tako umorna, beskrajno dirljivo obuzela njeno biće. Slučajno je, samo letimično, pomislio na to. Nije baš bio uveren da za tim čezne.

Još jednom je mogao ponovo da je zapazi, u jednoj neobično mučnoj situaciji. – Beše u prolazu otvorio vrata njene sobe, verovatno je hteo da je dostojanstveno sročenim rečima pozove na večeru. Desilo se da je Kunigundu zatekao kako kleči na podu. U sivoplavoj haljini držala je srebrno raspeće visoko iznad sebe, lice joj belo kao sneg, a oči su kao oslepele, zastrašujući krupne na tom bledilu, bile nepomično uperene ka milostivom liku u srebru.

Otac više ozlojeđen nego potresen, ljutito se nakašlja i produži hodnikom. Zlovoljno je zalupio vrata.

Možda uopšte nije ni primetio da je njemu po drugi put bio upućen onaj pogled, onaj *molbeni*, on možda nije ni čuo onu reč, za koju joj je trebalo toliko napora da je izgovori, a koja je tada tako velika i zamagljenog zvuka doprla do njega, tada po drugi put: „Oče."

Ali otkako je savetnik ministarstva tada i prve večeri u sebi strogo izvršio razdvajanja, razdvajanja između sebe i tuđinke – više nije bio voljan da u svoje srce primi kao bezdan duboko preklinjanje tih očiju.

Malo-pomalo došlo je do otvorenih nesuglasica. Nije ni slutio koliku je, nažalost, najbezobzirniju i najotvoreniju drskost ta devojka bila u stanju sebi da dozvoli. Bio je svedok najdvosmislenijih i najneprijatnijih stvari. Izgleda da se bar to odigravalo u pristojnoj tajnosti, govorio je sebi, pa ne može da ugrozi njegov ugled. Sve one živahne dame sa svojim naočarima i bluzama kao muške košulje – nije baš znao šta će one tu. Oštroumni intelektualci studenti, koji su se iskričavo prkosno kao hladnim metalom razbacivali stranim izrazima, i oni su ga nervirali, ali se to moglo otrpeti. On sve to nije baš sasvim razumeo, bilo bi mu neprijatno da se u to umeša. Najbolje je, dakle bilo, držati se podalje, neupetljan u sve to, biti miran, *neodobravajući* ćutati.

Ona je dalje terala svoje. Nije očuvala ni krajnju pristojnost pred njegovom poštovanom poslugom. – Kad je počela za stolom da puši ljute i nezdrave cigarete, dok je on sa blještavo belom salvetom na kolenima bio zauzet oko pilećeg pečenja, njegovom strpljenju je bio kraj. Lice mu je pocrvenelo, žila na čelu nabrekla i on lupi šakom po stolu. Besan i potpuno svestan očinske moći, razmahao se: „Dosta dugo te posmatram, Kunigundo!" urlao je, u raščupanoj bradi su mu se zadržali ostaci hrane, „krčag ide na vodu dok se ne razbije. Tvoje ponašanje je *besramno* – besramno, draga moja! Misliš da se sa mnom možeš poigravati? Jesam li ja stara budala?" I pošto mu ona, ukočenog, još za nijansu bleđeg lica, u mučnoj, ledenoj upitanosti, uputi pogled ispod tih čudnih kapaka, on nastavi da praska, a glas mu se neprijatno prelomi: „Ne puši se dok otac jede! Mislim da bi mogla da sačuvaš bar te spoljne manire!“ U svojoj velikoj ljutnji pogrešno je protumačio smešak koji joj je u grču iskrivio usta. Jarost ga je potresala, obuzela ga u tolikoj meri potpuno da nije mogao da primeti duboku, ispod oholosti mučno skrivenu iscrpljenost, povređenost njenog bića. Mislio je da ona u svojoj podrugljivoj pobuni sedi tu potpuno neosetljiva. Razjaren, u slepom nerazumevanju žestio se činovnik: „Smeškaš se? Usuđuješ se da mi se smeješ u lice? Ko si ti? Šta si *ti uradila?*“ vikao je već odavno povređeni otac, pogođen u svim svojim instinktima. Pitam te: „Odakle ti *pravo* da se tako besramno ponašaš?“

Na to ona ustade, pođe skoro natraške prema vratima, sa prema njemu okrenutim samrtno bledim ovalom lica na kome je treptao iznakažen osmeh. Otac se s mukom savladavao. „Savlađujem se,“ mrmljao je drhteći, „zamalo da te udarim. S mukom se savlađujem!“

A Kunigunda odjednom drhteći od besa poče da viče, da urla: „Je li?! Tako, dakle – ti bi to uradio?! Udario bi me? Zato što još ništa nisam ostvarila? Zato što ti, razume se, ne veruješ da ću ikad išta ostvariti? Zato što je za tebe sasvim nezamislivo da bi iz svega toga moglo nešto postati jednog dana – nešto proizaći?! – Je li?!“ ponavljala je vičući: „Je l' tako?!“

Vrata se zalupiše. Izašla je. Savetnik je samo gledao za njom zamućenih očiju iza stakala. Lepa salveta, žalosno zgnječena, ležala mu je na krilu.

Malo-pomalo smiriše se njegove crte lica. Sedeo je, ostareo, iscrpljen, sleđenog srca, dirljivo pogrbljen. Tako je dakle moralo biti – bitka dakle. Pasivno negodovanje nije bilo dovoljno. Odbrana je bila potrebna, odbrana od *ove zle* devojke. Ožalošćeni savetnik ministarstva, sedeći pred ohlađenim pilećim pečenjem, zaključio je da je verovatno sva omladina *zla*. Ona za stolom puši ljute cigarete, bitka – otvorena borba, dakle. *Mi* smo ostvarili uspehe. *Mi* služimo životu, razmišljao je on. I žalostan, ali naoružan reši da će on *pobediti*.

Lorenc, sa u čestitom radu osedelim zulufima, pogleda ga turobno odozgo, servirajući mu na najodaniji način žute palačinke. Zabrinuto i tiho je verni sluga raspremio korišćeno posuđe. – Danko, star, mrke boje, sa oklembešenim ušima, češao se, mašući repom, o gospodareve sive pantalone.

Otmeno i usamljeno kao nekad jeo je savetnik ministarstva Teodor Hofman u trpezariji obloženoj tamnim drvetom. Ekstremna omladina, koja se, nikakva, digla protiv njega, mogla ga je ozlojediti i dovesti do napada besa. Ali ga nije mogla oslabiti, nikad ga ozbiljno oslabiti.

Za to vreme Kunigunda je sedela u svojoj sobi, zgrbljena, sa mršavim rukama u krilu, neobično neaktivna, neobično nepokretna. Kao pri dubokom strasnom razmišljanju obrve su joj bile mračno skupljene. Sa njene inače uvek glatko unatrag začešljane kose odvojio se tanak, oštar, začudo ukovrčen pramen i pao na čelo.

Borba, pomisli ćerka, bitka, dakle još i to. Što me je morao napasti upavo s te strane, na kojoj sam slaba, da mi predočava ostvarenost ili neostvarenost, uspeh koji još nisam postigla. Pa, u svemu smo jači od njih, a upravo u tome moramo biti iza njih. Time nas pritiskaju, time nas toliko muče. Borba, dakle. Ta reč, ta kratka reč, divlja, kao omamljenost, obuzela joj je čula. Još i to, razmišljala je šćućurena, ni toga nismo ostali pošteđeni. Ne samo što nam njihova strogost ne dopušta nikakvu zaštitu – nego proklamuju borbu. – A ta reč nije u njenim mislima zvučala hrabro i svetlo, nego tupo, kao zujanje i kao s mukom potisnuti jecaj.

Sedela je ispred svog belo lakiranog stola oštrih ivica, ona misao koja se kao zujanje probijala još je više zatamnjivala njen mrgodan pogled. Oko nje su stajale male rezbarene drvene figurice, date u zanosu i iskrivljenoj religiozno-grotesknoj plesnoj pozi. Male gomile hitro ispisanog papira ležale su oko nje, radikalno intelektualni eseji, koje je gnevno skicirala, filozofski pokušaji, po svojoj vibrantnoj objektivnosti skoro genijalni – sve vatrena nastojanja, grčevite, gorde postavke za delo koje bi trebalo da sopstveno bivstvo, svakodnevno iznova doživljavano kao ogromno i nesamerljivo iznese iz svoje nutrine, dokaže ga, da ga veličanstveno dokaže i dokumentuje. Ali između toga gledale su prepredeno na nju fotografije žustrih dama i šareno obučenih mladića. I ispreturano nojevo perje. I pomorandže su širile svoj miris.

Usred svega toga sedela je prepuštena gorkoj ošamućenosti, prepuštena muci one misli: „borba...“

Pogledala je u ogledalo koje je neuramljeno, svetlo i hladno visilo na zidu naspram nje. Beli oval njenog lica, opet nasmejan ispod gustih nabranih veđa, stajao je pred njom smešeći se tiho u plavičastom staklu. Pogledala mu je duboko u oči, prodorno, sve dublje. Oko njih obe drhtala je, treperila kao etar njihova usamljenost. I kao da je ta nasmejana devojka tu, ta kao sneg bela u hladnom staklu ogledala nadahnjuje, dajući joj neki plan, neku malu misao, đavolski zgodnu domišljatu intuiciju, poče ona ispod natuštenih obrva da se smeje, sve glasnije, malo povijena, nepomična, očiju uprtih u zrcalo.

U susednoj sobi je u tom trenutku savetnik ministarstva sebi pripaljivao cigaru posle večere. Lorenc vernog srca raspremao je sto.

2.

Sledećeg jutra Kunigunda se ne pojavi pred ocem, skrivala se, zamračivši prozore u svojoj sobi kao u zlokobnoj busiji. Tu ona vreba, pomisli otac, koji je, malo umoran, ali bez obzira na to uspravan, prolazio pored njene sobe, silazeći hodnikom. – Lorenc koji sa mnogo uviđavnosti zakuca na njena vrata da je pita ne bi li bar neku sitnicu pojela, dobi tužan odgovor, kazan sasvim stranim glasom, hvala, ne, neće ništa jesti.

Otac pomisli na štrajk glađu, priseti se smešnog energičnog postupka nekih engleskih politički opredeljenih dama i poče, namrštenog čela razmišljati o protivmerama, strepeći da svađi, muci i teškom iskušenju nema kraja. Međutim nije bilo potrebno prisiljavati je, to je bilo izlišno, iznenada se opet pojavila. Obučena u jednostavnu haljinu sivoplave boje očekivala ga je rano u trpezariji s onim sladunjavo-staračkim osmehom oko usta, sasvim iscrpljena i sa naglašenom predusretljivošću. Brižljivo mu je donekle obradovanom, donekle vrlo zabezeknutom sipala čaj, na uskim tamnim rukavima imala je kao cvet bele manžete. To je njenim rukama, koje su ranije podsećale u plavetnilu jutarnjeg ogrtača na ruke nekog pametnog i šarmantnog grofa, sada davalo blagi i milujući izgled ruku koje su uvek ženstveno spremne da pomognu, kao ruke bolničarki i sestara.

Kud su se dele živahne dame? Kuda oštroumni podrugljivi studenti? – U čijim su se sobama sad prenemagali šaroliki mladići? Nestadoše i pokreti groteskno plesačke ushićenosti, rastopio se led stroge, nemilosrdne koncentrisanosti na samu sebe koja neće i ne želi više da struji toplinom. Skoro ni u čemu savetniku nije davan povod za ljutnju i prebacivanje, osim ako bi se čvrsto rešio da se pokaže povređenim tom nasmešeno potuljenom smernošću za šta mu je ipak nedostajalo hrabrosti.

Bila je pažljiva prema njemu, iako mu ta pažnja nije mogla izgledati sasvim dobronamerna. Ne, nije mu se nametala, ni u kom slučaju nije joj se moglo prebacivati da se netaktično lepi za njega kao čičak. Samo povremeno bi nešto uradila sama, ljupko ukrasila trpezarijski sto, izuzetno ljupko sa belim i crnkastim cvetovima, pošto je tog dana bio njegov pedeset i treći rođendan, isto tako je s kuvaricom sastavila mali, fini meni, duhovito smišljen redosled jela, što je oca veoma obradovalo. Bio je dobro raspoložen za vreme tog obeda. Sedela je prekoputa njega sa blago nagoveštenim staračkim osmehom i rukama skromno položenim na sto. – Da li se on to uopšte svađao s njom i vikao? – Pa, znači, njegov užasan bes se u svakom slučaju nije bezuspešno istutnjio. Njegov ozbiljan gnev, njegovo duboko negodovanje ostavili su neki utisak. Pošto je dala uputstva da mu se za rođendan pripreme tako delikatesna jela, zaboravio je, kao pomirljiv čovek, da mu se njena blagost nije činila dobre vrste. Podmuklo je pre toga sedela u busiji. Neki izmenjen glas odgovorio je slugi.

Da bi radostan događaj pedesettrogodišnjaku bio ulepšan još i prijatnim izletom, Kunigunda je udesila malu vožnju automobilom. Savetnik ministarstva bio je dobro raspoložen, a nije bio sitničav, nego srdačno otvoren prema svakoj bezazlenoj šali i provodu.

Kola su čekala pred njegovim skromnim domom, uska, sivo lakirana, previše mondena za Hofmanove uslove. Neki mladi šofer veselo ih pozdravi sav umotan u kožno odelo. Kunigunda se obukla u do vrata zakopčani crni gumirani mantil. Belo i hladno, lepo i blago kao lik nekog mladog bogobojažljivog viteza mirovalo je njeno lice, okruženo tim materijalom tvrdog sjaja, koji je delovao kao gvožđe, presijavao se i blistao kao oklop. – Automobil je tako ludo jurio da je savetnik osetio vrtoglavicu i od straha mu se oči uznemiriše. Prekoputa njega je nepomična sedela Kunigunda. Drmusanje kola bacalo joj je glavu čas na jednu, čas na drugu stranu. Dok se njena glava tako klatila, ona je bez reči sedela naspram njega. Pored njih je klizio pust, jurnjavom izobličen predeo. Usred tog predela sedeo je mladi vitez – sedela je veštica – sedela je ta Kunigunda, i klimala glavom, klimala ocu. A on je od straha kršio ruke u krilu.

Kad su uveče stigli kući, savetnik oseti jaku glavobolju. Stavljao je hladne obloge na svoje jadno čelo, plašeći se da mu je zdravlje ozbiljno narušeno. I sledećeg dana ostade u svojoj sobi. Kunigunda mu donese čaj i kisele tablete aspirina. Bila je u širokoj, crnom svilom proštepanoj kućnoj haljini. Odakle te silne kućne haljine, pitao se grozničavo savetnik, uvek neke druge, nove za svaku priliku. Ona se nagnu k njemu. Termometar sevnu srebrnasto u njenoj ruci. Savetnik je morao da se priseti kako on u njenoj ruci sasvim nedvosmisleno opominje na raspeće, ono srebrno kome je pevala, kome se molila. Raspeće i srebrni termometar – termometar za merenje groznice i raspeće – njeno lice je bilo blisko nad njim, sa kapcima kao kod starih Egipćana, sa ljubazno skupljenim ustima. – Nehotice, ona svojim širokim, dugim rukavom obori sliku pokojne majke na noćnom stočiću, kad je ocu tamo stavljala čaj. Razume se da ju je odmah, nasmešivši se, napućenih usana, uspravila. – Savetnik je uz to još i hripavo kašljao naslonjen na žućkaste jastuke. Biće da se na tom izletu, pored ostalog i čestito prehladio.

Noću je imao strašna snoviđenja – grozne vizije straha, kakve ga dosad nikad nisu mučile. Pred njim su narastale, povećavale se kućne haljine, crne, plave sive – kućni ogrtači vitezova, kaluđerica, elegantnih i ciničnih starih grofova – kućne haljine su se smejale, vrištale oko njega, svojim dugim visećim rukavima su mele kao metlom njegova najdragocenija i najlepša sećanja, provodile među sobom neprirodan, potpuno protivprirodan blud, molile se, smejale, pevale pred srebrnim kultnim predmetima, čarolijom se tu obrele, postajale šaroliki kavaljeri, uzbuđeno sebi prekraćivale vreme na detinjast način igrajući se loptama, naginjale se nad njim, sve su imale jedno lice, imale, Bože smiluj mi se, sve jedno isto lice sa šiljato skupljenim usnama, bilo je tik iznad njega.

Savetnik ministarstva Teodor Hofman se, obliven znojem, u svojim perinama, borio s bolešću.

Napolju je prignuta, bolno zatvorenih očiju stajala ćerka prislonivši uho na vrata. Osluškivala je šumove u bolesnikovoj sobi.

Loše zdravstveno stanje savetnikovo odužilo se više nego što se moglo očekivati. Danima je ležao, ostavivši sve poslove. Dakako ni u čemu se nije mogao požaliti na nedostatak pažnje i nege. Njegova ćerka Kunigunda bi se smesta našla u svako doba dana da mu s nežnošću iz očiju nasluti svaku želju. Zadivljujuće je bilo koliko je umela, iz obzira prema njemu, da se pobrine da vlada tišina. Neka upijajuća tišina – sasvim neprobojna bezglasnost utaborila se u svim prostorijama. Da li je ona, koja na sve misli, dala da se pod prekrije filcom? Jesu li možda nabavljeni tako usavršeni aparati, mali metalni aparati u obliku životinja koje proždrljivo gutaju svaki zvuk kao da od toga žive, time se hrane? Koraci su bili nečujni, nije bilo lupe tanjira, ni pribora za jelo. Sasvim retko bi se čulo zveckanje crvenkastih zrnaca brojanica koje je Kunigunda sad nosila.

Neodređeno je osećao savetnik da je ova tišina, ovo skrušeno i perfidno ćutanje usmereno protiv njega, da ga je načinjalo, da je bilo namenjeno njemu, protiv njega. Ona ekstremna bučnost pre toga, to kako se neočekivano preobraćala iz jedne maske u drugu, pa opet u neku drugu, ono je bilo samo sebi svrha, egoistična bezbrižnost. Ali ovo sad, slutio je pun straha, ovaj parališući mir, ide protiv njega – treba da ga obesnaži – treba da mu upravo oduzme snagu. Bila je pažljiva, požrtvovana kao Samarićanka, svakako, ipak pomalo dirnut priznavao joj je svoju zahvalnost. Možda me voli, postiđeno je mislio bolesnik, ležeći u krevetu, možda me je na svoj smešan i izvitoperen način malo zavolela.

Kako bilo da bilo, on se nasilu pribra. Zar nije bio rešio da će *pobediti,* onda, pre toliko dana, pre toliko sedmica – kao omamljen morao je iznenada sebi da postavi to pitanje, pre koliko vremena je to bilo – tada, ukratko rečeno, kad je bitka započela, koju je njena bogohulna pobožnost umela tako brzo da priguši pod mekim somotastim pokrivačem svog licemernog ćutanja.

Ali on, savetnik ministarstva bio je nameran da je nastavi, tu borbu protiv tuđinke, veliku borbu protiv nečeg njemu stranog, čiju suštinu, čiji istiniti i njemu užasan lik poče da se postepeno pred njim pomalja, postaje određeniji, kao što neko lice iza sedam velova, tajanstveno dajući znak glavom – malo-pomalo, sasvim sporo, ispunjavajući nas jezom, poprima obrise, oblik, postaje istina.

Posle nekoliko dana bi mu dozvoljeno da ustane. Išao je po kući, još malo bled, sa strepnjom ga je posmatrao verni Lorenc, a njegova dostojanstvenost je bila forsirana, njegovoj dostojanstvenosti nedostajala je uverljivost i prirodnost. Išao je u geroku sa zlatno uokvirenim naočarima na nosu, s čupavom bradom kao i pre. Ali kad je, kao u lepo provedenim danima, pozvao jedno veče svoje kolege na večeru, i kad su se oni kao pojedinci ili u pratnji svojih sad već starijih supruga rasporedili, primeti domaćin, ubledevši, da iz njih struji hladnoća. Meškoljili su se i krišom razmenjivali mnogoznačne poglede. Sem toga ni savetnik ministarstva, utonuo u neprijatne misli o raznobojnim kućnim haljinama i srebrnim kultnim predmetima, nije više s brižljivom pažnjom vodio konverzaciju o kojoj su nekad s pohvalom govorili. Ranije nego obično, moglo bi se reći čak malo *povređeni*, gosti su se povukli. Savetnik je sedeo sam. Kunigunda je sa svoje strane bila u svojoj sobi sa jednom posetom.

Jedini gost koga je Kunigunda posle one večeri primala kod sebe, bio je neki mali gospodin jezuitskog izgleda. Otac ga je jednom video izdaleka. Kad bi on, čije ime, uostalom, Kunigunda nikad nije pomenula, bio u stanu, ona tišina koja je savetniku kidala živce narastala bi do jezovite, samrtno mirne bučnosti. Dolazilo mu je da viče – da preklinje da se javi neki glas, neki dobar ljudski ton. Ali iz te sobe gde su se ona i jezuit nečim tajanstveno bavili, dolazilo je sve veće ćutanje, oduzimalo mu dah kao vruć vetar, strujalo oko uzdrhtalog oca kao otrovni gas. Strašno je bilo što on, otkako je gospodin u tamnom tako često boravio kod ćerke, u sobi sa spuštenim zavesama, nije mogao da se oslobodi jedne misli, verovatno sasvim bezumne misli i đavolski lude ideje. – *Ona se sa njim vežba,* neprestano je mislio, ona se vežba, ona se vežba. – A iza velova bivalo je sve razgovetnije nasmešeno lice, koje daje potvrdan znak i čija su skupljena usta pritvorno uništavala njegov životni kredo, čiji su teški kapci sada još odugovlačeći mirovali *nad* tajnom, da bi je uskoro, kad se kapci dignu mračno razotkrili. Jer savetnik je shvatio šta je ta tajna. Skoro da je stigao dotle da shvati kuda vodi svaka tajna, šta je uvek moralo biti ono mračno, ćutljivo more koje se sablasno preliva u svim bojama, a u koje se ona, tajna, na kraju uliva. Bio je suviše slab, već suviše istrošenih živaca da bi se mogao odupreti tom talasu što ga vuče ka moru. U nedostojnom strahu samo, u teškoj muci, video je kako dolazi to moćno, tajanstveno sve bliže – bliže – primiče se.

Nažalost upravo u to vreme umre vernom Lorencu njegova devedeset četvorogodišnja majka, tako da je on, da bi posle teškog udarca mogao biti potpora devedesetdevetogodišnjem ocu, zamolio za konačni otpust iz službe. Za prvo vreme moraće se, dakle zadovoljiti mrzovoljnom kuvaricom.

Kunigunda je smatrala da je uputno, a prigušenim glasom je izrazila i želju, da se, radi ovakvih nepovoljnih okolnosti, zimski mesec provede u nekom lečilištu u planinama što može biti samo od koristi još uvek slabom zdravlju savetnika. Odlučeno je da se uskoro krene na put.

Otac se sa žarom bacio na posao oko pakovanja, nabavljanja karata, rezervisanja soba. Napola omamljen uživanjem u radu, trčao je s gomilom rublja na rukama, dok je Kunigunda, sa brojanicama oko vrata, povijenih leđa, ćutljiva kao neki Veliki Inkvizitor, stalno šetala i šunjala se hodnicima. Ponekad bi je otac sreo u napola mračnom hodniku kako se pevušeći kreće kao kaluđer pod tihim manastirskim svodovima, dok je on sa kapljicama znoja na čelu i nausnicama upravo onuda uz dahtanje poslovao.

I tih poslednjih dana često bi se pojavljivao onaj jezuita. Tada se desi da je savetnik prvi put imao priliku da se s njima pozdravi. I njega je sreo u polumraku na hodniku. „Zovem se Pelštok", reče nepoznati. „Natanael Pelštok", ponovi i pruži ocu malu vrelu ruku. Savetnik je drhtao celim telom. „Drago mi je", reče, i od uznemirenja nije znao kuda da pogleda. Lice gospodina Pelštoka bilo je neobično crveno i smežurano. Izgledalo je kao lice nekog pohotljivog dojenčeta.

Kako se iskreno radovao savetnik kad je napokon došao dan polaska. Sa ozbiljnom otmenošću dogovarao se s kočijašima i nosačima. Srećan zbog konkretnog posla kretao se žustro u skoro mladalačkom kaputu, postavljenom krznom. Pored njega je u crnom gumiranom kaputu, kao ćutljivi mladi vitez, sa belim ovalom usred svetlucave tkanine okovratnika, stajala Kunigunda.

Zatim u kupeu, malo su razgovarali. Kunigunda se strasno udubila u neku malu knjižicu u crnom povezu. Savetnik ministarstva je čitao novine pušeći cigaru. Izgledao je prilično iscrpljen od uzbuđenja prošlih sedmica. Ali je ipak još bio stasit gospodin, dostojanstvenog držanja. Još ga nisu sasvim dokrajčile one grozne večeri, kad se u grobnom ćutanju u kome je tutnjala buka, koje je u sebe sve upijalo, uvlačilo, ka njemu primicala sve bliže i bliže tajna, misterija, crno more – Misterija? pomisli on uz prkosni nagoveštaj sprdnje, crno more – ma koješta! Što ga je dalje nosio voz od onog stana gde su mu zlom prožeta blagost i ćutljivo smerni razvrat slabili snagu, sve više mu se vraćalo samopouzdanje i ranije držanje.

Samo je jednom u toku cele vožnje Kunigunda podigla pogled sa kožom uvezane knjižice. Crn, letimičan – upućen ocu.

Mesto gde su hteli da provedu sledeće nedelje bilo je malo i neugledno, gotovo pritisnuto visokim planinama. Bilo je loše vreme. Pahuljice snega padale su sa niskog, sivog neba, sporo i neprivlačno. Po putevima je bio vlažan, raskvašen sneg. Bregovi skriveni iza oblaka. Ka hotelu gde su otac i ćerka mislili da odsednu, vodio je teško prohodan seoski put. Truckavi fijaker, koji se klizao, sporo ih je vozio uz brdo.

U hotelu je bilo tiho i pusto. Pred njima su se u nedogled pružali ledeni hodnici. Osećao se miris jela. Podnaduli direktor hotela dočekao ih je sa malo previše učtivim klanjanjem. U sali su po ceo dan sedele neke starije Amerikanke i, sa naočarima jako spuštenim na odebljali vrh nosa, igrale karte, neke glupe igre. U ogromnoj trpezariji bili su skoro sami. Mnogi okrugli stolovi, čisto i brižljivo postavljeni za obed, stajali su nekorišćeni. Bledi kelneri u usijanim frakovima hitro su posluživali.

Boravak je pružao izvanredan oporavak. Savetnik ministarstva se čestito prihvatao fino pripremljenih jela koja im je hotel nudio. U elegantnom kaputu, postavljenom krznom, išao je u male okrepljujuće šetnje, dok je neprekidno padao sneg. Kelneri su mu se obraćali sa „ekselencijo" i nadmetali se u glupastom udvorištvu. Uveče je većinom bio sam. Kunigunda, ćutljiva i zapravo povučena u sebe dublje nego ikad, preduzimala je daleke šetnje u beli smireni pejsaž, do grla umotana u oklop svog gumiranog kaputa, većinom sa crnom knjižicom u ruci, a njene oči, kao da je nešto iznutra zatamnjivalo. Često bi se tek kasno noću vraćala i ulazila bešumno u hotel. Spokojno, kao u nekom otupelom miru, tromo su proticali dani opterećeni snegom. Ta prijatna zadovoljnost, čini se, oporavljala je izmučene savetnikove nerve, davala mu smirenost. Pa ipak, osećao je on uprkos svemu da to nije ono smirenje koje mu je potrebno. Bilo je kao neki preobilan teret i donosilo sobom suviše malo pravog okrepljenja.

Ipak njegova ranija dostojanstvenost se opet poče ispoljavati u govoru i pokretima, možda pomalo smešnim zbog njihove prenaglašenosti, sasvim malog preterivanja. – Pocrvenelog nosa, oprezno zabadajući štap ispred sebe, samo da se ne bi spotakao, šetao je otac po snegu. S grubim podsmehom, prisećao se na silu one tajne koja se užasnija od svake buke, pritajena u tišini borila protiv njega nekada, pre mnogo dana, pre mnogo sedmica. – „Šta ga se išta moglo ticati, ovako, u tom krznenom kaputu?" – Podbuli direktor koji je u beličastoj vejavici stajao na ulazu u hotel, odvratno se smeškajući, učtivo ga pozva na ručak.

Bezglasna tišina vladala je do poslepodne, kad se svi oblaci polako, raziđoše, podigoše i veličanstveno oslobodiše nebo zelenkasto, zvonko kao kristal u svojoj sleđenosti. Beli zupčasti vrhovi planina ocrtavali su se preoštro na staklastoj pozadini. Prozračna suvomrazica prostirala se predelom kao iskričava, zujava melodija, a on se nalazio kao u nekoj strogoj začaranosti, ledom preobražen u nadzemaljsku jasnoću.

Te večeri – srpasti mesec je kao šiljak probio nebo – te večeri je Kunigunda posetila oca u njegovoj sobi.

Savetnik ministarstva je sedeo za pisaćim stolom zauzet običnom korespondencijom. S naočarima na nosu, pogledao je prema njoj. U zelenom osvetljenju, utvarno jasnom, muškog koraka u svojim šiljatim čizmicama boje ilovače, niskih potpetica, pošla je ka fotelji i tiho sela. On je pogleda pun straha.

Hotelska soba u kojoj su sedeli bila je velika, s izuzetno malo nameštaja. Na belom zidu sa zelenim odsjajem visila je jedna jedina slika madone, u belim i sivim tonovima. Na prozorima nije bilo zavesa. Iza okana dizale su se zupčaste planine, ledeno i zlokobno. Savetnik poče da govori u velikoj muci, gušeći se i sa svesnim

117

osećanjem da je to sad, započe neki beznačajan razgovor: „Večeras je hladno," čuo se njegov promukli glas, odande od pisaćeg stola. „Možda bi me, s obzirom na to, radije ostavila samog. Nemoj zaboraviti da imam posla". – „Da", odgovori ćerkin glas milozvučno zvonko, parališući ga, odande sa fotelje. Otac pomisli: planine su njeni saveznici. Vazduh, pomisli otac, i on je njen saveznik. „Da", reče ćerka ovo je baš lepo veče". „I tako iznenada", začu se uzdah iz savetnikovih grudi, „ovako divno vreme, tako odjednom, a pre toga sve sami oblaci."

Ne pomerajući se iz fotelje upita ga ćerka Kunigunda: „Kad bih sad pred tobom igrala, da li bi te to obradovalo?" Sa znakom odbijanja podigao je od gihta drhtave ruke. Ali ona mirno ustade i priđe mu. U prozirnom sumraku stajala je pored njega tiho i jednostavno u plavosivoj haljini monaškog kroja. Prignuvši se, malo suviše gipko, k njemu, približi svoje lice njegovom. Ono se neugodno uveličavalo pred njegovim očima, napućena, izazivački prilazila su mu njena usta. Oči su žmirkale smanjene prevejanom mističnošću. A njemu ošamućenom, skoro van svesti, vraćale su se stalno jedne iste besmislene, tužno molbene reči: „Nemoj me ljubiti, ti si mi ćerka, nemoj me poljubiti", preklinjao je savetnik. Njegovo lice inače rumeno, beše sada kao ilovača. Na tom licu su ružne i preko svake mere smešne bile naočari u zlatnom okviru. A u međuvremenu mučila ga je najstrašnija od svih misli: „Vazduh je njen saveznik. On joj pomaže, staklast i zelenkast, on ćuti i treperi tako intenzivno da se čuje tiho zveckanje i u njemu u stvari svetluca tajna. A ona nagnuta nad njim zadirkivaše ga stišanim, metalnim glasom tako da mu se krv ledila u žilama: „Zar te je strah, moj stari, dragi tatice?" U njemu je presušila svaka reč, jadno se prekinula. Sve misli se rastočile. Velovi spadoše ispred njegovog lica. U sablasnoj natprirodnoj jasnoći otkri mu se tajna.

Kad se njena usta oštrim ugrizom takoreći sasvim upiše u njegova, on joj strgnu haljine sa tela. Pucketavo su skliznule tamne tkanine na pod. Uz smeh, uz nerazgovetno mucanje ona odvoji usta od njegovih i pade unazad, nađe s na njegovim kolenima. Dok joj je glava klizila nauznak, tako da joj se beonjače prevrnuše, pokrenu se njeno mršavo, žućkasto, od zanosa ukrućeno nago telo ka njemu.

U dvoglasju kome je ona davala ton, nađoše se njihovi glasovi u stenjanju, smehu, pesmi.

Spavali su pripijeni jedno uz drugo na podu, na tvrdom tepihu. Pošto je zamukla njihova pesma, mora da ih je obuzela neka omamljenost.

Ujutru se ćerka probudi pre njega. Sunce još nije granulo, stroga belina ispunjavala je hotelsku sobu. Ugleda sebe nagu, sa ovlaš prebačenim krznom. Videla je pored sebe oca koji je tiho hrkao, žut u licu sa neurednom odećom oko sebe. Sede, čekinjave dlake gusto su mu rasle na grudima. Nedaleko od njega ležale su razbijene, zdrobljene naočari sa zlatnim okvirom.

Kunigunda se diže, pođe nekoliko koraka dalje od njega. Oko njenih mršavih ramena je u neurednim pramenovima visila iskrzana tanka kosa. Stopala joj behu duga, šiljata, a šake, plemenito oblikovane, bile su prevelike u odnosu na telo. Stajala je usred sobe, sva u ekstremu, u preteranostima, sa malo ženskog u svojoj građi. Beše prekrstila ruke na grudima, oborenih očiju, u dubokom osećanju bola. U drhtavici.

Uto se probudi otac. Napola uspravljen pogleda izgubljeno oko sebe. Oči im se susretoše. Pogledaše se kao u neverici – on na zemlji a ona postrance stoji u svojoj golotinji.

U istom trenutku začu se grohotan smeh. Istovremeno je provalio iz njih. On razoren potpuno, smeje se, sedi na podu raširenih nogu, ispruženih celom dužinom, oslonjen pozadi na obe ruke. Gromoglasno se oglašava,

119

grgoće. Čekinjasta okrugla brada se trza i štrči u vis, a ispod brade se spušta i diže zborana guša.

A ćerka se sva krivi od radosne vriske i vike, s divlje podignutim rukama iznad glave.

Visoka i uska prozorska okna prodorno zveče. Goli zidovi vraćaju u odjeku urnebesni smeh kao laparanje i meketanje. Iz njihove sobe jurnu larma kroz ceo hotel, koji je dremao u jutarnjem snu, i brzo se rasu po hodnicima.

POGOVOR

Pripovetke koje se nalaze u ovoj knjizi izbor su iz ranog perioda Klausa Mana, napisao ih je između šesnaeste i osamnaeste godine života (rođen 1906.). Već svojim rođenjem našao se u sredini koja je, do prskanja, bila nabijena stvaralačkim impulsima – u kući su se okupljali književnici, muzičari, filozofi. Otac, Tomas Man, deci je rano dozvoljavao da prisustvuju čitanjima tek napisanih poglavlja, diskusijama koje su doticale samu srž stvaralačkog čina.

Radoznalost Klausa Mana – drugorođenog, s radošću dočekanog muškog deteta – potreba da se upozna sa tim često tek nagoveštenim svetovima bila je nezasita, a perceptivna moć skoro neverovatna. U njegovu lektiru u 16. godini ulaze: Sokrat, Niče, Novalis, Vitman, Rilke, Hajne, Vajld, Bodler, Verlen, Rembo, Vedekind, George.

Vremenski je to 1922. godina. U poraženoj Nemačkoj dešavaju se veliki unutrašnji lomovi. Krajuje je neizvesno hoće li zavladati boljševici ili parlamentarna demokratija. U Minhenu šest meseci vladaju komunisti. Trinaestogodišnji Klaus u duhovitoj crtici Bogohuliteljka darovito karikira histeričan strah od boljševika u građanskim salonima. 1923. haos stravične inflacije.

U osvrtu na to vreme Klaus M. kaže: „Naš svesni život počeo je u vreme teskobne neizvesnosti. Cuivilizacija koju smo upoznali... kao da je gubila ravnotežu, svaki cilj, volju za životom, kao da je bila zrela za propast, gotova da nestane. Čega je trebalo da se pridržavamo, prema kojim zakonima da se orijentišemo?"

Takve dileme, setne nedoumice, osećaju maturanti u priči *Pred životom*. Neki od njih, čije biće ima potrebu za zaštitom, čak kolektivnom, ili za vođstvom, čvrsto su opredeljeni za već postojeće organizacije, sa nepokolebljivom željom da ubede neistomišljenike, ne pitajući se, pošto su bez ikakvog iskustva, kuda će ih to odvesti, uvereni da se samo tako može ostvariti nešto „novo". A jedan u mislima se pita: „Ko bi mogao biti dovoljno slab da se sasvim preda tim strujanjima, i onda opet dovoljno jak, da iz te predanosti opet nađe sebe?" – Ocrtani su jasno kako stoje ispred portala, već bez povratka ka onim mlađima koji se bezbrižno igraju na livadi.

„Novo" može značiti usklađivanje ili otpor prema svetu očeva.

Ma ko se bavio stvaralaštvom Klausa Mana nije mogao da zaobiđe analizu tog odnosa. Očeva senka, senka njegovog uspeha i slave, lebdela je nad životom i delom Klausa M. „Ja još nisam našao nepristrasnog čitaoca. Ne samo oni koji su prema meni neprijateljski raspoloženi, već i oni koji su mi naklonjeni instinktivno porede ono što ja pišem s očevim delom." „Najgorča problematika sopstvenog života i najviša obaveza." Neuspeh da objavljuje pod pseudonimom, bila je dalekosežna greška izdavača, jer je, pored ostalog, ogolila njegovu književnu ličnost za napade i potisnula postupno sazrevanje i samosuočavanje. Očevo ime je sinu olakšavalo ulazak u javnost – ali je cena bila prevelika.

A kakvi su likovi očeva u pripovetkama *Dečja novela, Sonja, Otac se smeje*, u kojima se na osoben način tretira i taj problem?

U prvoj – tako čistoj, detinjoj, kao da nikakva druga iskustva još nisu potisnula svet detinjstva, čovek prosto zazire da disparatnom, istinoljubivom analizom tog problema ne naruši harmonični sklop rano doživljene stvarnosti i dečje mašte – u njoj oca ni nema. On u vidu posmrtne maske visi iznad bračnih kreveta, pristaje se na to da on i majci samo još toliko pripada. Til je ono što bi njihovo srce želelo kao oca.

U *Sonji* otac vegetira u delimičnom stuporu sedeći kraj prozora u nekoj od soba. Ne može se poreći da kod kćerke ne postoji neka nežna briga i svest o njegovom postojanju. Inače – u senovitom šumskom ambijentu Sonjinu seksualnost doživljujemo kao poetiku mladog tela. Nije tako u priči *Otac se smeje*. Konfrontacija između oca i kćerke je izuzetno oštra i kao da se činovnička strogost, otupelost, ne-ljubav, namerno uništavana emocionalnost može razbiti, do dodira može doći samo u najekstremnijem činu incesta.

Onoj po njegovom osećanju rigidnoj generaciji Klaus Man, u grozničavom nastojanju da nađe svoj sopstveni put, a i po svom temperamentu suprotstavlja život trenutnih zanosa, promena, ekscesa, boemije. Sve to nalazi u Berlinu, kuda je 1924. (sa 18 godina) pozvan da preuzme mesto pozorišnog kritičara u jednom listu. Elemente tog berlinskog života nalazimo ovde u *Šali s maskama* i priči *Ludvih Cofke*, mada bi u *Šali s maskama* mogle biti prisutne i rane igre iz roditeljskog doma, iz vremena kad je u detetu još živo slatko i zastrašujuće osećanje, doživljavanje transformacije, kada se za čas može postati neko drugi, i može postati ptica čim se zamahne rukama, i odleteti na drvo i nekud među zvezde ili u mrak. U priči *L. Cofke*, u kojoj za razliku o drugih nema autobiografskog, ispod brutalnosti treperi strah od samoće i stalna čežnja za ljubavlju, a L. Cofke, nezasiti sladostrasnik, zaneseno ponavlja kako su lepi, lepi bili dečaci i devojke koji su mu pripadali.

Ekstremnosti koje su s jedne strane izazivale skandal, a s druge senzaciju i radoznalost publike zbog prevelike liberalnosti i otvorenog homoerotizma, naročito su izražene u pozorišnom komadu *Anja i Ester* (1925) u kome Klaus M. učestvuje kao glumac i režiser. Komad je prikazivan i u nekim svetskim metropolama i piscu doneo (prolaznu) slavu.

Kritičar Rajh-Ranicki napisao je da je usud Klausa Mana trostruko pogodio. Bio je sin Tomasa Mana, homoseksualac i zavisnik od droge. Prema analizi njegovog psihobiografa H. Nojmana Klaus Man je po rođenju homoseksualac. Kad je u 16. godini postao toga svestan, zaljubivši se u mlađeg dečaka, smesta je napustio školu. „Taj Eros donosi sobom inspiracije i poniženja, duge patnje i kratka letimična blaženstva.“ – kaže ličnost u jednom romanu Klausa Mana.

Njegovi junaci Aleksandar Veliki (roman jedne utopije, napisan 1929.), Čajkovski (*Patetična simfonija*, 1935.), Ludvih Bavarski (*Rešetke na prozoru*, 1937.) obuzeti su velikim zanosima, planovima, željom za objedinjavanjem celog sveta u lepoti, harmoniji, humanizmu, a mučeni su istim problemom svog seksualnog nagona. Kod dvojice poslednjih, velikih usamljenika, postoji još i bolna čežnja za smrću. I u dnevniku Klausa M, veoma su česte zabeleške: „Čeznem za smrću“, „želim da umrem“, pored toga i sasvim kratko „uzeo“, „uzeo, uzeo“ – što se odnosi na drogu. U romanu *Vulkan* (1939.) u kome Klaus M. potresno opisuje tegoban život i tragične sudbine nemačkih izbeglih intelektualaca, opisana su i stradanja zavisnika od droge i smrt od prevelike doze tableta za spavanje.

Kad je emigrirao, rane 1933. Klaus M. se, međutim, sav predao borbi protiv fašizma. Dok su psihički klonirane mase Hitlerovih vojnika u histeriji rušile granice i gradove, Klaus Man na sve strane javnim nastupima, člancima apeluje, pored ostalog, da se ne zapuste i ne zaborave vekovne duhovne

123

vrednosti „... mi smo Evropljani, teško nama, ako ovde zanemarimo svoju dužnost".

Međutim, kao što ni u burnim mladalačkim danima 1925–1932. nije prestajao da piše – kada su nastali *Pred životom, Pobožni ples, Pustolovina jedne mladosti, Dete svog doba*, roman *Sastanak u večnosti*, 4 pozorišna komada i dr. – tako ni u skroz iskidanom vremenu izbeglištva rad na literaturi nije prestajao. Pisanje mu je od detinjstva bilo nasušna potreba, a pisao je lako i brzo. Iscrpljivao se do iznemoglosti radeći i po 10–16 časova dnevno, i onda bi otputovao u roditeljski dom, gde je uvek nalazio pomoć i utočište.

Autobiografija *Prekretnica*, svakako jedno od najznačajnijih dela Klausa M. daje u okviru povesti jednog visokoobrazovanog, sofisticiranog intelektualca Evropljanina široku sliku života u građanskim porodicama i čitav niz portreta tada čuvenih ličnosti.

Godine 1936. objavljen je u Parizu, u nemačkim novinama roman *Mefisto* koji je zbog svoje aktuelnosti i moguće aluzije na još žive ličnosti, izazvao pravu senzaciju. Reč je o slavnom glumcu koji se radi karijere priklanja nacistima, izneveravajući ideale svoje mladosti. Roman je objavljivan u mnogim zemljama, dramatizovan i filmovan. U Nemačkoj zabranjen do 1980.

Kad je Klaus M. posle rata posetio Nemačku mogao je videti kako oni koji su služili Hitlerovom režimu ponovo doživljavaju ovacije podržavani od okupacionih vlasti. Bio je duboko zabrinut za budućnost Evrope.

Na početku svog literarnog rada Klaus M. je pisao o problemima svoje generacije, potom o svojim najličnijim problemima. Likovi u njegovim delima nose se s tim pitanjima. Treća tema je položaj i moralni lik intelektualaca u potpuno izmenjenom svetu prvo hitlerizma u Nemačkoj, pa zatim za vreme i posle Drugog svetskog rata.

Hteo je da napiše roman o sukobljenosti mišljenja Istoka i Zapada, neslozi, tako bolnoj za njega i zato je početkom 1949. otputovao u Kan da tu na miru radi. I tu je tog stalnog putnika, gonjenog iracionalnim nemirom zaustavila smrt.

U spomen na Klausa M. H. Kesten piše: Voleo je ceo svet, a bežao od samog sebe... svugde (je) tražio snove, zanos i poeziju. Nosio je u sebi radost života i potajnu čežnju za smrću.

Zdenka Brkić

SADRŽAJ

Izdavačko preduzeće
RAD
Beograd, Dečanska 12

*

Glavni urednik
JOVICA AĆIN

*

Grafički urednik
MILAN MILETIĆ

*

Lektor
MIROSLAVA STOJKOVIĆ

*

Korektor
NADA GAJIĆ

*

Nacrt za korice
JANKO KRAJŠEK

Realizacija
ALJOŠA LAZOVIĆ

*

Priprema teksta
Grafički studio RAD

*

Za izdavača
SIMON SIMONOVIĆ

*

Štampa
Elvod-print, Lazarevac

CIP – Каталогизација у публикацији
Народна библиотека Србије, Београд

830-32

МАН, Клаус
    Pred životom / Klaus Man ; [s nemačkog prevela Zdenka Brkić].
– Beograd : Rad, 1999 (Lazrevac : Elvod-print). – 125 str. ; 18 cm. –
(Reč i misao ; knj. 492)

Prevod dela: Maskenscherz / Klaus Mann. – Str. 121–124: Pogovor /
Zdenka Brkić.

ISBN 86-09-00617-4

ID=76294412